Capire

Le Filosofie

Mariapaola Fimiani

Antropologia filosofica

Editori Riuniti

I edizione maggio 2005

di The Media Factory s.r.l.
via Tagliamento, 76 - 00198 Roma
www.editoririuniti.it
ISBN 88-359-5650-1

Indice

Capitolo primo

I saperi dell'uomo e le oscillazioni del teorico

1. È difficile pensare un inizio per l'antropologia filosofica, se la domanda sull'uomo ha sempre costituito il nodo interno, implicito o conseguente, delle domande di logica, etica e metafisica. Questa coessenzialità delle ricerche sull'uomo con una sistematica filosofica è segnalata da Habermas nell'intervento che apre il Fischer-Lexicon del 1958: l'antropologia è una parte della filosofia, «dal cui nucleo fondamentale» non si è resa «indipendente».[1] In anticipo di quasi due secoli la difficile endiadi di antropologia e filosofia aveva trovato una espressione esemplare, com'è noto, nella *Logica* di Kant. Alla trilogia del lavoro critico-trascendentale si associava la domanda sull'uomo come su quel campo decisivo e conclusivo che, in qualche modo, la assumeva e la compendiava. Le tre domande kantiane, dominio della critica, – che cosa posso sapere? che cosa devo fare? che cosa mi è consentito sperare? – erano chiamate a misurarsi con il *Was ist der Mensch?*, aprendo una tensione inesaurita tra saperi positivi e interrogazione filosofica.

Il problema che il commento habermasiano suggerisce, quando l'antropologia filosofica, alla metà del Novecento, appare sempre piú arricchita ma anche tendenzialmente assimilata dai risultati delle scienze, è l'equilibrio difficile tra l'empirico e il filosofico, tra i dati e la teoria. Dire che l'antropologia non si è resa indipendente dalla filosofia non è tanto la denuncia di un'apertura fondamentale della teoria e dunque di una premessa astraente alle ricerche positive sull'uomo. Il legame con il filosofico intende richiamare, piuttosto, l'irrinunciabilità di una distanza critica e trasformativa, di una potenza elaborativa di *ciò che è* e che si offre alla ricognizione empirico-positiva dei saperi.

La nascita e lo sviluppo dell'antropologia filosofica moderna – a cui si attribuisce un «campo lungo» che muove dal XVIII secolo [2] – si accompagnano all'acquisizione dei risultati delle conoscenze biologiche, psicologiche, geoculturali, sociologiche, etnologiche, storiche dell'individuo e dei gruppi. Rispondono al bisogno di approntare «una strategia di ripiegamento sulle condizioni di specificazione dell'umano» in una fase della storia, in particolare tra le due grandi guerre, che vive la crisi dell'autocomprensione, dei grandi sistemi filosofici, dei principi astratti, della coscienza autoriferita, di tavole di valori «in grado di legittimare pienamente comportamenti individuali e pratiche sociali». L'antropologia filosofica, a partire dagli anni Venti e Trenta, insegue cosí un piano legittimante di concretezza nella risposta a una «crisi di civiltà» [3]. In realtà si espone, da un lato, al clamoroso rovesciamento del concreto nell'astratto – replicando le identità e i principi fondativi cui si era sforzata di sottrarre l'umano – e, dall'altro, alla critica filosofica contro l'obiettivismo e il riduzionismo scientifico. Si comprende, dunque, come il dibattito novecentesco sull'antropologia si incroci con la denuncia dell'inversione e della identificazione dell'empirico e del teorico e con lo sforzo di riappropriazione di uno spazio del filosofico o di una potenza del pensare.

La filosofia, dice Habermas, «reagisce» all'avvento di quelle scienze come la psicologia, la sociologia, l'archeologia, la linguistica e altre che hanno a che fare con l'uomo e l'operare umano, e che in qualche modo le contendono l'oggetto. Certo, la filosofia non fornisce fondamenti e premesse necessarie (come ancora accade all'«ontologia», alla «cristologia» e a ogni rinnovato «idealismo» che ripropone la «logica di fondazione di una coscienza trascendentale») [4] – le scienze non vanno fondate, ma *elaborate* –, cosí come l'analisi antropologica non può limitarsi all'«esistenza corporeo-sensibile», ma, secondo l'annuncio di Marx, deve impegnarsi a comprendere le forme dell'agire e i modi in cui l'uomo scopre e inventa se stesso e il mondo. Va detto, aggiunge Habermas, che, se l'uomo «è un essere storico e soltanto nella storia diviene ciò che è», questo è un dato inquietante per un'antropologia che definisce la natura dell'uomo o ciò che è comune in ogni tempo a tutti gli uomini. Un'*antropologia critica*, che affianchi il suo lavoro a una teoria critica della società, è incompatibile con «un catalogo di costanti antropologiche», con una ontologia che «insiste nel fare suo oggetto ciò che ricorre»: l'antropologia filosofica degenera, in tal caso, in un «discorso acritico», in «una dogmatica con conseguenze politiche, tanto piú pericolosa quanto piú pretende di essere disinteressata» [5]. Il giudizio di Habermas si accorda con la polemica tra dialettici e positivisti, denuncia l'inversione della neutralità del sapere empirico-analitico in una occultata politica di conservazione e di dominio, rilancia la funzione attiva della teoria nel contesto della critica sociale: la posizione peculiare dell'antropologia filosofica è, dunque, quella di mantenersi «intermedia» tra la teoria e l'empiria, laddove definisce il suo compito nell'«interpretazione filosofica» di risultati scientifici [6].

Il tema dell'*interpretazione filosofica* concorre in maniera decisiva alla discussione sulla certezza dell'empirico e sulla fissità del fenomeno. La forza della teoria coincide con la «riflessività» filosofica, con una concettualizzazione adatta a scomporre, riaprire, sollecitare il movimento vitale della cosa stessa, irriducibile all'osservatività empirica.

Il peccato capitale dell'idealismo come del positivismo consiste nell'inganno di un sapere che aspira alla piena identità con il suo oggetto. Ma nessuna realtà sociale può essere pensata senza far riferimento a una complessità intraducibile nell'immediatezza evidente e osservabile, e dunque a un sapere che ne sia l'interpretazione «impropria»: «senza qualcosa di improprio», diceva Adorno, «non c'è conoscenza che sia qualcosa di piú di un semplice riordinare e ripetere» [7].

L'interpretazione è, per questo, conoscenza riflessiva e dialettica, perché produce «il confronto pensante tra concetto e cosa». L'essenziale che le scienze empiriche esprimono è il *pensiero di ciò che esiste*, mentre nella riflessione il pensiero è attivo in relazione agli oggetti. «Interpretare significa, anzitutto, nei tratti della datità sociale scorgere la totalità»,[8] esercitare il pensiero attivo e riprendere, cosí, la contraddizione che dalla cosa stessa procede tra la cosa e il suo concetto. L'esercizio filosofico è, allora, la trasformazione della rappresentazione della cosa nella cosa che parla in ciò che propriamente significa concetto, è il rapporto tra ciò che è *certo* per il pensiero empirico, la esclusività del metodo e la legge, e ciò che è *vero* per la riflessione, la vita e la disidentità della cosa stessa o della totalità reale. Questa, la totalità, cui si applica l'interpretazione impropria, non è una categoria affermativa ma critica. La teoria è chiamata a «trasformare i concetti che essa porta per cosí dire dall'esterno in quelli che la cosa ha di se stessa, in quello che la cosa vorrebbe essere, confrontandolo con ciò che essa è. Deve sciogliere la rigidezza dell'oggetto fissato qui e ora in un campo di tensione del possibile e del reale»[9]. La critica impone, dunque, la discontinuità tra l'empirico e il teorico, la scelta della teoria come interpretazione e non come ipotesi o puro metodo di analisi, l'implicazione del filosofico nella vita inconciliata della cosa stessa. Il senso dell'avvertimento adorniano a far valere la potenza della teoria nell'esercizio della critica è l'imperativo a contrastare l'indurimento dell'«essenziale» in *ciò che è divenuto*.

La scomposizione di un'epoca e della totalità storica che vi si esprime, la complessità dei contrasti che caratterizzano la dinamica sociale nel corso dei processi, la necessità di un'autocomprensione della teoria e la consapevolezza che il corso dei pensieri è sempre preso in una «situazione di vita», in un «insieme di interessi» e in un contesto materiale, avevano costituito già il telaio concettuale delle *Considerazioni sull'antropologia filosofica* di Max Horkheimer nel 1935. Che ogni epoca esprima un lato della natura umana, o che sia la storia intera ad esprimerla, risponde a una visione «armonica» delle cose, funzionale, in realtà, ai «tardi tentativi» della moderna antropologia filosofica a trovare una norma e un senso alla vita degli uomini «nel mondo *com'è*», una risposta, coerente con «la filosofia idealistica dell'epoca borghese», alle ansie di chi si interroga sui motivi delle forme di vita sociale: si elabora l'idea di una «'vera' vita», si tenta di stabilire nuovi principi dai quali «l'agire tragga la sua giustificazione», si accertano, secondo un facile spostamento dalla descrizione alla prescrizione, «nuove connessioni concettuali con cui motivare sensatamente l'intera vita umana». Cosí l'indipendenza dell'uomo viene «proclamata» senza che sia realizzato alcun presupposto per una sua reale autonomia. In ciò è «la specifica miseria del presente», che coltiva il pensiero astratto come la filosofia europea dal tempo del dubbio cartesiano[10]. Le qualità e le caratterizzazioni umane costituiscono fattori significativi della dinamica storica, influenzate e rivoluzionate dai piú svariati rapporti, naturali e sociali. Gli studi antropologici, se consapevoli dell'impossibilità di ricercare una struttura di fondo dell'essere umano, possono aiutare ad «approfondire e affinare la conoscenza delle tendenze storiche», evitando di innalzare a «idea» i «contenuti tratti dalla storia passata, facendone dei 'dati reali' dell'esserci'»[11]. L'antropologia filosofica può comprendere che le «qualità umane si intrecciano con il corso della storia» e soprattutto che muta la stessa «funzione del sapere» oltre alla «realtà alla quale esso si riferisce». Se il sapere perde la chiarezza del proprio limite «esso si trasforma in feticcio»: cosí accade alla «filosofia» ma anche alla «lotta che lo scetticismo conduce contro di essa»[12].

Lo sviluppo delle scienze umane, che sembra nei contenuti empirici aggiungere complessità e concretezza alla figura dell'uomo e al suo operare nel mondo, annuncia, secondo il pensiero critico europeo, il rischio di un pericoloso processo di indebolimento e di oblio della riflessione filosofica. Una diffusa impotenza della teoresi impedisce di pensare oltre il puro esistente, oltre ciò che *già è* e che le scienze accertano e consolidano. Per i francofortesi è questo il senso della contraddizione e dell'autodistruzione dell'Illuminismo, che, riconoscendo solo ciò che si lascia ridurre all'unità – e non vanno in ciò distinti razionalismo ed empirismo –, ha rinunciato all'«immaginazione teoretica» e «ha accantonato l'esigenza classica di pensare il pensiero»[13]. Per la critica fenomenologica o per l'ontologia heideggeriana è in problema la caduta di un esercizio filosofico e di una disposizione meditante, cui è ancora forse possibile assegnare il compito di compensare la colpevole dimenticanza di tutto quanto il sistema delle scienze tende ad occultare.

La causa del fallimento di una cultura razionale – si legge nella *Krisis* di Husserl – non sta nel razionalismo stesso, ma nella «sua *manifestazione esteriore*, *nel suo decadere* a 'naturalismo' e a 'obiettivismo'»[14]. Interrogare la *scientificità* della scienza è compito della *teoresi filosofica*, laddove il «positivismo decapita per cosí dire la filosofia»[15]: la pratica spontanea della scienza trova il limite nella sua «ovvietà» e lascia inindagato il «fondamento di senso» della scientificità, le operazioni costituenti e il mondo circostante della vita. La via tracciata al filosofo è indicata oltre l'*ingenuità* e «il titolo generale per designare questa ingenuità è l'*obiettivismo*, che si manifesta nei diversi tipi di naturalismo e di naturalizzazione dello spirito»[16]. Per questo «una scienza obiettiva dello spirito» non esisterà mai e il rimanere impigliati nell'obiettivismo rende vani gli sforzi di chiarimento delle relazioni metodiche e contenutistiche tra le scienze naturali e le scienze dello spirito[17]. L'*atteggiamento teoretico* alimenta una «prassi di genere nuovo»: una *critica* «di qualsiasi vita e di qualsiasi fine della vita, di tutte le formazioni culturali e di tutti i sistemi culturali che già sono sorti nel corso della vita dell'umanità e dei valori che li reggono espressamente o implicitamente»[18].

Da parte sua, nel contesto delle riflessioni sulla metafisica compiuta, Heidegger indica nell'antropologia il vero esonero della filosofia. La filosofia è diventata antropologia e dunque «preda» di quella discendenza metafisica che è la «fisica intesa nel senso piú vasto», comprensiva della fisica della vita e dell'uomo, della biologia e della psicologia[19]. L'antropologia assicura l'autocertezza del *subjectum*, complice del soggettivismo e dell'oggettivismo dell'epoca dell'immagine del mondo, funzione dell'uomo cartesiano, *fundamentum inconcussum veritatis* del sistema degli enti. L'antropologia moderna conosce in anticipo ciò che l'uomo è e dunque non può neppure porsi il problema di che cosa esso sia[20]. Ma l'apprensione dell'ente rientra nell'essere, diceva Parmenide. Essa non si dà nel corso della rappresentazione o percezione soggettiva, come per la modernità. È piuttosto l'uomo ad esser guardato dall'ente: «compreso e mantenuto nell'aperto dell'ente, sorretto da esso, coinvolto nei suoi contrasti e segnato dal suo dissidio»[21]. Tale è l'uomo nel periodo della grandezza greca. Sicché egli può – è una nota significativa degli *Holzwege* –, nella sua «meditazione preparatoria», comprendere che l'esser-soggetto, astratto fondamento degli enti, «non sarà l'unica possibilità dell'essenza futurativa dell'uomo storico»[22].

2. La critica heideggeriana al *subjectum* apre un paradosso teorico che, in qualche senso, continua ad accompagnare la questione contemporanea dell'antropologia filosofica: è possibile ripensare l'essenza dell'uomo solo a partire dalla sua scomparsa.

Le vie della realizzazione dell'umanismo hanno sempre condiviso, in forme diverse, un fondamento metafisico. È da considerarsi metafisica, dice Heidegger, ogni determinazione dell'essenza dell'uomo che presuppone «l'interpretazione dell'ente, senza porre il problema della verità dell'Essere»[23]. L'esistenza non può esser limitata a una «specie particolare tra le altre specie di esseri viventi», se l'uomo «è destinato a pensare l'essenza del suo essere, e non solo a raccontare storie naturali e storiche sulla sua costituzione e sulla sua attività»[24].

La *Lettera sull'umanismo* risponde, insieme, alle domande su che cosa significa pensare, che cosa significa pensare l'essere, come il pensiero dell'essere esprima il senso proprio dell'«agire» e non rimanga estraneo a una preoccupazione «etica». L'«interpretazione tecnica del pensiero», che riconduce il processo riflessivo a un fare e a un produrre orientati allo scopo, ha alimentato il bisogno della *theoria* nel tentativo di salvare l'autonomia del pensare. Quando la determinazione del conoscere come di un «atteggiamento teoretico» diviene reattiva ed interna alla sua riduzione tecnica, la filosofia è tratta in inganno ed è spinta a legittimare la sua esistenza elevandosi «a sua volta al rango di una scienza»[25]. Il problema è capire, al contrario, come sia proprio il pensiero che «volge alla propria fine» a compensare una perdita, «procurandosi un valore» in quanto *téchne*[26]. Il pensiero volge alla fine «quando si ritira dal suo elemento». L'elemento è «ciò che propriamente può» ed è ciò che «si prende a cuore» il pensiero. «Il pensiero, detto semplicemente, è il pensiero dell'essere». Nel doppio senso suggerito dal genitivo, è pensiero che «appartiene» all'Essere e pensiero che gli dà «ascolto». L'essere è l'*elemento* del pensiero perché ne è il *potere*, cioè lo rende possibile[27].

Cosí l'essere «può sul pensiero, e quindi sull'essenza dell'uomo», cioè sul suo «riferimento all'essere». «Potere qualcosa significa qui: conservarlo nella sua essenza, mantenerlo nel suo elemento»[28]. Sicché la metafisica di ogni umanismo – l'*humanitas* dell'*homo humanus* – sottrae al pensiero, al tempo stesso, l'essere e il pensiero del possibile, perché è determinata «in riferimento ad una interpretazione già stabilita della natura, della storia, del mondo, del fondamento del mondo, cioè dell'ente nella sua totalità». L'antropologia filosofica e la sua riduzione metafisica, nel definire l'umanità dell'uomo, precludono la interrogazione sul «riferimento dell'essere all'essere umano»[29].

L'essere in quanto *elemento*, dunque, è «tacita forza» del «potere che vuole bene, cioè del possibile»: in questo senso «l'essere 'può' (*vermag)* il pensiero»[30]. Per questo il pensiero «compie», porta a compimento, ciò che è ignorato e abbandonato dalla metafisica antropologica, la relazione dell'essere all'essenza dell'uomo. In questo *compiere* del pensiero, e non nel produrre effetti, consiste propriamente il suo *agire*. «Questo agire probabilmente è il piú semplice e nello stesso tempo il piú alto, perché riguarda il riferimento dell'essere all'uomo»[31].

La relazione dell'uomo all'essere è, allora, quel *far essere l'essere*, il *lasciarlo* essere, che «non è una passività, ma è, appunto, l'agire stesso» e che ci avvicina alla filosofia, la quale non prescrive norme e valori, ma non esita a comprendersi come «etica», cura di una dimora originaria o di una finitezza intesa non come un'impotenza a fissare il suo significato, ma come «la potenza di lasciarlo aperto»[32]. Il rifiuto della riduzione dell'uomo ai saperi e alla fissità dei loro contenuti empirici, all'«essere-ente dell'ente» o alla «celebrata 'oggettività'», contrasta «le supreme determinazioni umanistiche dell'essenza dell'uomo», sostanzialmente lontane dalla sua «autentica dignità»[33].

Qui compare l'enigma. È a partire dal declino dell'umanismo che può riaprirsi il pensiero dell'uomo e della sua eticità. Alla dignità dell'«aperto» corrisponde il valore dei suoi «custodi». L'uomo non è piú il signore dell'ente, ma guadagna «l'essenziale povertà del pastore, la cui dignità consiste nell'esser chiamato dall' essere stesso a custodia della sua verità». In quanto relazione all'essere l'uomo è *piú* che «animale razionale», perché è *meno* rispetto all'uomo assimilato al fondamento di se stesso[34].

Anche per Foucault solo l'estenuazione dell'umanismo e la crisi della figura dell'uomo, costruita dai saperi moderni, indicano la soglia a partire dalla quale la filosofia può ricominciare a pensare. La domanda sull'uomo esprime una disposizione fondamentale che ha orientato il pensiero filosofico da Kant fino a noi e che ancora «fa parte della nostra storia». Ma denunciare, in forma critica, l'oblio dell'apertura che la rese possibile è un compito che si apre nel vuoto dell'uomo scomparso. Questo vuoto non è una mancanza né prescrive una lacuna da colmare. Al contrario annuncia lo spazio di un esercizio filosofico che, staccandosi dal campo antropologico, assuma un «pensiero radicale dell'essere» o torni ad interrogare «i limiti del pensiero», in continuità con il piú largo progetto di una «critica generale della ragione». L'esperienza di Nietzsche è il primo sforzo di questo «sradicamento dall'Antropologia, cui indubbiamente è votato il pensiero contemporaneo»[35].

3. Lo spostamento dal classicismo alla modernità – o dalla nostra preistoria a ciò che ancora ci è contemporaneo – è accaduto quando un evento ha inquietato l'identità della rappresentazione e dell'essere, quando «le parole cessarono di intrecciarsi alle rappresentazioni e di quadrettare spontaneamente la conoscenza delle cose»[36]. Questo evento è la comparsa dell'uomo sulla scena del sapere, è la interrogazione su quell'«essere tale che in esso verrà acquistata conoscenza di ciò che rende possibile ogni conoscenza»[37]. Una epocale sospensione, questa, della sovranità delle parole, che nell'esperienza classica formano «il reticolo incolore» dove gli esseri si manifestano e le rappresentazioni si ordinano[38]. Con la problematizzazione dell'esistenza umana, ad opera dei suoi saperi, l'uomo, nello spessore di una posizione ambigua di *oggetto* di conoscenza e di *soggetto* che conosce, «sovrano sottomesso» e «spettatore guardato», assume per sé il potere di rappresentare, ma, al tempo stesso, «sorge in una cavità predisposta», si insedia in una «irriducibile anteriorità»[39]. Dalla positività del sapere si annuncia una *analitica della finitudine*, che non lega l'uomo al pensiero dell'infinito, ma ai contenuti determinati dei saperi empirici come «forme concrete dell'esistenza finita»[40]. La fine della metafisica è solo il rovescio del piú complesso evento della comparsa dell'uomo «a titolo di figura della finitudine», dove il finito è pensato a partire dal finito stesso[41].

La natura umana è, cosí, il luogo di una variante interna, di una duplicazione essenziale, è «uno strano allotropo empirico-trascendentale», quella «figura paradossale in cui i contenuti empirici della conoscenza liberano, ma a partire da sé, le condizioni che li resero possibili»: l'uomo non è piú la trasparenza di un *cogito* e neppure una passività inaccessibile alla coscienza. Produce, piuttosto, un'apertura, un intervallo irrestringibile che va dall'atto di pensiero e dal «puro possesso» al disordine dei contenuti e delle esperienze, all'«ingombro empirico», dove il pensiero è sempre esposto al suo essere, all'impensato e alla minaccia di ciò che gli sfugge [42].

Ma l'ingenuità precritica dell'analitica della finitudine tradisce, in realtà, le condizioni del suo apparire, dal momento che, sia nella forma positivista che in quella escatologica, tende a far valere un «discorso vero» e a sussumere l'empirico al livello del trascendentale. Il pensiero moderno non ha evitato di cercare il luogo di un discorso «la cui tensione mantenesse separati l'empirico e il trascendentale»,[43] ma per esso ogni imperativo «è posto all'interno del pensiero e del suo movimento per recuperare l'impensato», perché l'Altro dell'uomo diventi il suo Medesimo [44]. E dunque, in questo la «natura umana» si distacca dalla «natura»: laddove la natura faceva sorgere «la differenza nel continuo ordinato degli esseri», la natura umana «fa apparire l'identico nella catena disordinata delle rappresentazioni» [45].

Svuotando pericolosamente il senso della separazione dell'empirico e del trascendentale – quella separazione che la critica kantiana aveva saputo indicare –[46], la comparsa dell'uomo nei saperi moderni produce la duplicazione, ma anche la confusione: l'analisi della duplicazione empirico-trascendentale mostra la corrispondenza e l'oscillazione del dato dell'esperienza e di ciò che la rende possibile [47]. Nella «piega» della duplicazione empirico-critica appare il *fondamento* della finitudine: «la funzione trascendentale copre col proprio imperioso reticolo lo spazio inerte e grigio dell'empiricità» e i contenuti empirici «si animano, si sollevano a poco a poco, si drizzano, e vengono immediatamente sussunti in un discorso che ne allontana la presunzione trascendentale». Cosí la filosofia, consumando un sostanziale tradimento del kantismo, si assopisce nel «sonno antropologico», in un rinnovato dogmatismo, per il quale la conoscenza empirica, riferita all'uomo, occupa ogni campo filosofico possibile, alla scoperta del fondamento della conoscenza, dei suoi limiti, della «verità della verità» [48].

Riprendere la tradizione critica di Kant significa rilanciare una *storia critica del pensiero*, un'analisi delle condizioni di apparizione di quei «giochi di verità» in cui si danno certe relazioni tra il soggetto e l'oggetto, tra «modi di soggettivazione» e «modi di oggettivazione», secondo una reciprocità produttiva e trasformativa che lega tipi di oggetti e modalità del soggetto: un'inchiesta sollecitata non da un qualsiasi sistema di verità, ma, in particolare, da quelli in cui il soggetto è posto come oggetto di sapere possibile. Sono le scienze umane, l'emergenza di specifici sistemi di verità e formazioni discorsive che definiscono del proprio oggetto un *partage* normativo, come per il folle, il malato, il delinquente, sono le procedure che accompagnano il soggetto a osservarsi, analizzarsi, decifrarsi, a riconoscersi come dominio di un sapere possibile, che chiedono un esame scompositivo delle condizioni «archeologiche» di apparizione[49].

Sia pure in forma ambigua e sottaciuta, resta, nelle ipotesi di Foucault, una sottile e persistente fedeltà al kantismo, che tiene insieme il commento, rimasto inedito, all'*Anthropologie in pragmatischer Hinsicht*[50] e la lettura piú recente della *Beantwortung der Frage: Was ist Aufklärung*[51]. La condivisione dell'invito al *sapere aude* – il motto dell'Illuminismo –, ad assumere cioé con coraggio la decisione dell'autonomia del pensare, non può sottrarsi all'esercizio rigoroso della critica, all'interrogazione sui limiti e le condizioni del ragionare: l'appello al coraggio di non lasciarsi «eccessivamente» governare o di sottrarsi all'eccesso di potere trova, infatti, nella critica un «compito originario, come prolegomeni a ogni *Aufklärung* presente e futura», quello «di conoscere la conoscenza»,[52] un compito che apparenta la critica alla virtú[53]. La volontà di «desoggettivare»[54] il trascendentale non può escludere di conservarne, come «residuo non eliminabile», l'istanza critica, elusa dai metodi delle scienze umane[55]. In tal senso il neo-kantismo («siamo tutti neo-kantiani») ha il merito di proporre «una storia rimasta muta», quella del «teorico», ed esprime, piú che un movimento o una scuola, l'«ingiunzione» a non superare il taglio operato da Kant nel pensiero occidentale. L'«enigma kantiano» ha sollevato nella nostra memoria due grandi figure e ha liberato una doppia nostalgia: all'età greca chiediamo di chiarirci il nostro rapporto con l'essere e al secolo XVIII di rimettere in questione le forme e i limiti del nostro sapere. Alla dinastia ellenica, da Hölderlin a Heidegger, si oppone la dinastia dei moderni illuministi, da Marx a Lévi-Strauss. La «mostruosità» di Nietzsche consiste nell'appartenere forse ad entrambe[56]. Ed è a partire da questa mostruosità che la domanda sull'essere non si fa ascolto di un «mormorio inesauribile» o ripetizione di una verità ontologica dell'esistenza,[57] ma interrogazione sulle condizioni della sua possibilità, effettivo esercizio critico come ricerca degli *inizi*, disposizione archeo-genealogica e strategica, dove, come per Nietzsche, la verità è un problema politico e di potere[58].

4. La ricerca del trascendentale incrocia, da questa prospettiva, la domanda sull'essere, perché sposta il fattore costituente dall'*ego* fondatore al campo storico dell'*archivio*, al «quadro» della dispersione degli enunciati aperto all'esame dell'archeologia del sapere. Il sistema dell'archivio lascia apparire alla critica uno spazio finito, regole mobilissime e diagrammatiche di coesistenza, tutta la fragilità, la opacità, la rarità degli enunciati in quanto esistenze singolari e concreto esserci. È un sistema che attiene al gioco *terminale* dei discorsi, della loro momentanea costruzione compiuta, ma anche allo stadio *preterminale* della dispersione spaziale enunciativa; è un sistema «che non è estraneo al tempo» e che indica le reciproche, fluidissime dipendenze tra oggetti, concetti, modi enunciativi, posizioni soggettive, scelte tematiche e strategiche, istituzioni, pratiche economiche e sociali, forme di comportamento, sistemi di norme, tecniche e modi di caratterizzazione;[59] è l'orizzonte generale in cui si offre una condizione di «prossimità controllata», che esclude, per una «storia generale» dei saperi, l'illusione *formalistica* e l'illusione *dossologica*[60].

Il compito dell'archeologia è il sommovimento di un campo che lascia comprendere gli *apriori concreti* del sapere attraverso un'analisi «storica e critica»,[61] è la mobilitazione delle formazioni discorsive e dei suoi regimi di verità. Due trame eterogenee di discorso – dice Foucault – hanno dominato il dibattito novecentesco in Francia: una prima trama è associata alla filosofia del senso e del soggetto, fedele alla tradizione di Bergson ed espressa nei temi forti della filosofia di Sartre e Merleau-Ponty; una seconda trama definisce una filosofia della razionalità, del sapere, del concetto e vede i momenti piú significativi nelle riflessioni di Bachelard, Koyré, Canguilhem. Solo la seconda, in verità, è stimolo per una efficace interrogazione sui fondamenti della razionalità e al tempo stesso sulle condizioni attuali della sua esistenza[62]. La storia della scienza ha il merito di far comprendere come non c'è storia della verità che esce dall'ombra, che non c'è storia di un disvelamento, che non c'è neppure storia di una ragione carica di dogmaticità, dispotismo, devianza, tale da lasciar sperare solo in una sorta di riabilitazione della ragione o di liberazione della ragione da se stessa. Consumando l'ontologismo heideggeriano e l'indicazione francofortese di una retta via nell'uso di un principio razionale universale, Foucault scompone l'esercizio della razionalità nelle formazioni specifiche e negli ambiti parziali di funzionamento delle pratiche dei saperi, costantemente esposti a un esame storico-critico in grado di disoccultare i legami che di fatto si producono tra i modi di verità e i dispositivi di manovra e di occupazione degli enunciati.

Ma la critica foucaultiana alle scienze umane – o all'assoluto precritico che esse provano a insediare nella finitudine – avvia, per la domanda sull'uomo, una dislocazione e una frattura decisive, nel momento in cui prova a intrecciare la questione della verità con quella delle nuove analisi del potere.

A partire dal XVII e XVIII secolo ha inizio una speciale produttività che può dirsi «economia del potere», per la quale si rafforzano procedimenti adatti a far circolare in forma continua, ininterrotta, «individualizzata» gli effetti di potere.

L'analisi dell'esercizio del potere non può piú, da allora, limitarsi al quadro dello Stato, che, al contrario, appare «sovrastrutturale in rapporto a tutt'una serie di reti di potere che passano attraverso i corpi, la sessualità, la famiglia, gli atteggiamenti, i saperi, le tecniche»[63]. «Quando si definiscono gli effetti di potere attraverso la repressione» si dà del potere una definizione giuridica e lo si identifica con la legge. È una concezione negativa, riduttiva, scarnificata, che attiene all'esclusivo piano dell'interdetto e che non spiega del potere la capacità di penetrazione pervasiva. Solo se lo si intende come produzione reticolare, se ne può cogliere adeguatamente l'effetto reale e la sua reale legittimazione, ciò che fa in modo, cioé, che il potere «regga». «Quel che fa sí che il potere regga, che lo si accetti, ebbene, è semplicemente che non pesa solo come una potenza che dice no, ma che nei fatti attraversa i corpi, produce le cose, induce del piacere, forma del sapere, produce discorsi; bisogna considerarlo come una rete produttiva che passa attraverso tutto il corpo sociale, molto piú che come un'istanza negativa che avrebbe per funzione di reprimere»[64].

Il legame interno tra i sistemi di verità e i dispositivi di potere, tra sapere e disciplinamento, diviene un nodo imprescindibile: i dispositivi reticolari del potere microfisico sono effetti di sapere, cosí come i saperi si producono e si stabilizzano, nelle loro forme e nelle «soglie di epistemologizzazione», come effetto ed esercizio di potere. L'intreccio sapere-potere consente di pensare il potere che amministra e funziona, che opera e manovra, piuttosto che obbligare e impedire. Il potere non reprime ma sollecita. S'infiltra nei corpi, nelle anime, nelle vite, attraversa le molecole dell'intero corpo sociale, secondo procedure che non si lasciano immediatamente afferrare come gli strumenti di una riconoscibile sovranità, ma che conservano invisibilità e anonimato. Le tecniche del potere microfisico approntano, dunque, dispositivi multipli che innervano i punti minimi del tessuto sociale. È l'inizio della penetrazione, del controllo e del disciplinamento delle vite singolari che ha inaugurato il tempo della bio-politica.

L'occupazione della vita e i saperi del vivente, la moltiplicazione e la distruzione simultanea della differenza singolare, i dispositivi multipli della sua dispersione e del suo annichilimento, la dissoluzione crescente delle forme e delle identità, oggettive e soggettive, annunciano, quando è in atto la tanto invocata scomparsa dell'uomo, uno scenario di omologazione e di perdita, certamente una sfida difficile tra i processi reali di manipolazione dell'esistenza e le pratiche di libertà. L'antropologia filosofica è chiamata a riflettere su se stessa, sulle condizioni della sua proposta *reattiva* e *mediativa*, sulla sua ambizione *etica*, sulla sua possibilità di elaborazione delle forme del pensare e dell'agire, senza ignorare la nuova scena, per tanti versi assolutamente imprevedibile, del mondo post-umano. È chiamata a misurarsi con le sempre piú complesse e inafferrabili radici concrete dell'umano, ma anche con il richiamo a una riserva energetica del corpo che si affaccia a una ridefinizione inedita, in uno straordinario intreccio di singolare e globale, di organico e non-organico. Il corpo dell'uomo si ripropone – ancora contro il mentalismo moderno – come superficie di incrocio di codici multipli, decifrabili da una «cartografia personalizzata» di «saperi situati», esposto a una «genealogia decostruttiva» e spinto a far valere la irriducibilità della propria «ibridazione», del *cyborg*, ai codici che lo coinvolgono e lo producono su scala planetaria[65]. Una ibridazione che pretende di essere liberatoria e che include, nell'esame di sé, le neuroscienze, la psicoanalisi, l'ermeneutica, la sociologia, ma anche le biotecnologie, le tecnologie dell'informazione e della comunicazione, le teorie immunologiche e quant'altro aiuti a decifrare la stratigrafia plurale di un soggetto mutante e non sappiamo se ancora antagonista. Resta all'antropologia filosofica interrogare, oggi, l'esito incerto di un inevitabile coinvolgimento del sé nel proprio sapere.

Capitolo secondo

L'enigma kantiano

1. Fa ancora parte della nostra storia, aveva detto Foucault, quella disposizione fondamentale che ha orientato il pensiero filosofico di Kant e che si esprime nella domanda sull'uomo. È su questa domanda che il kantismo si è messo alla prova nell'analisi di un campo enigmatico, quello di un essere che è insieme oggetto e soggetto, oggetto di natura e soggetto di libertà, spontaneità sovrana insediata in una irriducibile anteriorità. Guardare a questo «spettatore guardato» è la scommessa kantiana di un'antropologia che non sconfessa il terreno empirico concreto, ma è consapevole delle insidie di una metafisica ripetuta e sottaciuta nell'adesione spontanea ai suoi contenuti. L'empirismo rinvia i fini essenziali dell'agire ad una affettività naturale primaria capace di fondarli, il razionalismo ad enti esterni e superiori che impongono regole alla volontà. In entrambi i casi il fine è una rappresentazione, sensibile o razionale, che determina la volontà e la trascende.

La domanda critica di Kant rivendica l'autonomia del legiferare per il sapere e per il volere e interroga i limiti della conoscenza e della condotta, le condizioni di legittimità del pensare, dell'agire, dello sperare. Ma la validità del limite non può non fare i conti con il limite della validità, con i vincoli, le dipendenze, gli impedimenti e le anomalie, piú in generale con le condizioni concrete della realizzazione dei principi e delle leggi della ragione. L'empirico e il trascendentale sono i due ambiti di cui il discorso sull'uomo, come «essere razionale finito», non può non interrogare le connessioni, i passaggi, le trame, pur riconoscendone l'inassimilabilità radicale: questa irriducibilità – la «separazione» o il legame enigmatico – è, infatti, la condizione stessa del piú alto fine della ragione, la destinazione etica dell'uomo.

La questione del rapporto tra l'empirico e il trascendentale, tra natura e libertà, tra conoscenza osservativa e finalità della pura ragione, si configura, infatti, come il problema piú generale del kantismo: la filosofia è sapere «della relazione di ogni conoscenza con i fini essenziali della ragione umana (*teleologia rationis humanae*)»[1] ed è «l'amore dell'essere razionale per i fini supremi della ragione umana»[2].

Se questo è il compito assegnato alla filosofia, il piú alto interesse razionale è la subordinazione dell'interesse speculativo all'interesse pratico[3]. Una subordinazione implicita già nell'ordine di successione delle domande che riassumono il lavoro critico nell'Introduzione alla *Logica*: che cosa posso sapere? che cosa devo fare? che cosa posso sperare? A queste segue, significativamente, una quarta domanda: che cosa è l'uomo? Alle prime tre rispondono la metafisica, la morale, la religione, alla quarta l'antropologia. «In fondo,» – commenta il testo – «si potrebbe però ricondurre tutto all'antropologia, perché le prime tre domande fanno riferimento all'ultima»[4]. Il senso del carattere conclusivo della domanda sull'uomo decide, dunque, del posto dell'antropologia kantiana all'interno del suo sistema filosofico. Le risposte non sono né semplici né univoche.

L'*Anthropologie in pragmatischer Hinsicht* di Kant è un testo stratificato, dove interruzioni, sovrapposizioni, interferenze accompagnano un lavoro durato venticinque anni, che meriterebbe un esame attento dei manoscritti, delle annotazioni o delle versioni talora omesse nella stesura definitiva, e che testimonia un percorso difficile, contemporaneo a quanto precede e a quanto accompagna e segue la elaborazione della critica trascendentale. E se è vero che un'immagine concreta dell'uomo ha conservato, per cosí dire, un coefficiente di stabilità al fondo dell'impresa critica kantiana, è pur vero che questa ha orientato, in modo ostinato e non sempre palese, la finalità della ricerca antropologica. Sicché anche quando si può intendere che l'attenzione antropologica corra il rischio di risolversi in una effettiva e sostanziale «denegazione» ad opera della critica,[5] è altrettanto inevitabile ritenere che solo sul terreno della filosofia trascendentale l'antropologia riceve la sua finalità e la sua coerenza.

Gli scritti precritici – in particolare le *Beobachtungen über das Gefühl des Schönen und Erhabenen* (*Osservazioni sul sentimento del bello e del sublime*, 1764), il *Versuch über die Krankheiten des Kopfes* (*Saggio sulle malattie della testa*, 1764) e il *Von den verschiedenen Racen de Menschen* (*Delle diverse razze di uomini*, 1775) –, oltre al testo dell'*Anthropologie* del 1798, documentano osservazioni ricche, minute, spesso coerenti con le analisi, al tempo insistenti e diffuse, dell'antropologia illuministica, in campo fisiologico, psicologico, psicopatologico, fisiognomico, storico, geografico, politico, estetico, letterario, ma non sfuggono all'azione di svuotamento da parte delle «maglie» di quel criticismo che, malgrado tutto, appronta una «fitta rete di difese e giustificazioni al rigorismo etico»[6]. E tuttavia finché l'antropologia espone il terreno di applicazione della legge morale, non v'è dubbio che l'antropologia dipende dall'etica e che l'etica ha bisogno dell'antropologia per individuare la concreta possibilità di attuazione della legge. L'antropologia inchioda, cosí, la libertà alla finitezza.

La Prefazione della *Fondazione della metafisica dei costumi* diceva, nel 1785, che si potesse destinare all'etica, laddove la «parte razionale» riguardava propriamente la «morale», una «parte empirica», di competenza di una «antropologia pratica»,[7] quella che poi, nel 1798, si chiamerà «antropologia pragmatica»: dopo la *Critica della Ragion Pratica*, il termine «pratica» è assimilato, coerentemente, alla ragion pura e al rigore degli imperativi. L'ipotesi dell'identità di pratico e pragmatico, che va consumandosi nell'intervallo dalla *Fondazione* al criticismo compiuto – agli anni che, con l'*Antropologia* del 1798, vedono già completata la *Critica del Giudizio* – esprime in realtà un'altra ipotesi, quella dell'assimilazione dell'empirico e del pragmatico. Che il pragmatico si risolva nell'empirico e che quest'ultimo sia solo un supporto negativo e una opacità premessa al rigorismo morale della ragione pratica, e che resti, perciò, nel merito, sostanzialmente ininfluente, è, tuttavia, un problema. La specificità della nozione di «pragmatica», che Kant affianca in modo enfatico all'antropologia matura, sposta probabilmente il senso dell'incontro tra antropologia e critica e soprattutto conferisce all'antropologia una sua originalità all'interno del sistema critico.

Da questo punto di vista, l'*Antropologia* non si limiterebbe ad accogliere, accanto alla morale dell'autonomia della volontà e del rigorismo dell'imperativo, gli elementi delle dipendenze e delle anomalie, ma costituirebbe, alla stregua di una quarta critica dopo quella del Giudizio, un complemento essenziale e un approfondimento importante del problema generale della filosofia critica. L'*Antropologia* si proporrebbe come effettivo momento dirimente del quadro complessivo della ricerca trascendentale, in quanto esplicita elaborazione del passaggio dalla natura alla libertà o, meglio, dall'intelletto alla ragione, e dunque luogo chiave dell'accordo tra le facoltà, quell'accordo che è l'interesse piú alto della riflessione filosofica. Ci troveremmo in presenza di un lavoro, quello antropologico, la cui originalità è riconosciuta e «promossa» in un percorso lungo che va dalla *Critica della Ragion Pura* agli scritti degli anni Novanta[8].

L'idea di una promozione dell'*Antropologia* via via che si precisa il percorso delle tre Critiche trova i suoi argomenti nella centralità che in essa conservano la finitezza temporale dell'io, la funzione dilatata dell'immaginazione, il carattere esigenziale e regolativo delle Idee della ragione, la capacità mediativa del sentimento del piacere e la preparazione della perfezione dell'umanità. Dall'io-persona alla questione della destinazione del genere umano, dalla problematizzazione del sé al pluralismo nel pensare e alla salvezza morale di tutti, l'antropologia produce un percorso, difficile e discontinuo, che si muove e si installa sui nuclei, forse i piú incerti ma anche i piú decisivi, dell'impresa critica kantiana.

L'*Antropologia* si fa, cosí, esposizione di una duplice apertura: quella dell'io sulla sua diversità e quella dell'uomo sul mondo comune. Un ferimento dell'io, compiuto dall'antropologia, che reimposta il lavoro stesso della riflessione sull'uomo a partire dall'uomo post-metafisico. Sembrerebbe, da questa prospettiva, che l'equilibrio e la disgiunzione dell'empirico e del trascendentale assicurino un'idea dell'uomo mai ricondotta ad una identità sovrana e a principi assolutamenti fondatori dell'essere, conservando, per l'antropologia, con un paradosso, quelle condizioni del post-umanismo entro le quali la filosofia contemporanea vorrà ricominciare a pensare.

2. La Didattica dell'*Antropologia da un punto di vista pragmatico*, prima sezione del testo – che rimarrà anche la piú ampia –, appare come un complemento della critica trascendentale, conducendo un discorso che pertiene essenzialmente all'analisi delle facoltà, quelle del conoscere, del sentire, del desiderare.

Il Libro Primo, *Della facoltà del conoscere*, è eccedente nelle proporzioni complessive dell'opera. La ricerca antropologica come tale chiede, preliminarmente, una legittimazione in quanto ambito cognitivo e sapere specifico: «Una dottrina della conoscenza dell'uomo» – si legge nell'avvio della Prefazione – «trattata sistematicamente (l'antropologia), può esser condotta o da un punto di vista *fisiologico* o da un punto di vista *pragmatico*; la conoscenza fisiologica dell'uomo si propone di indagare ciò che la natura fa dell'uomo, la pragmatica ciò che l'uomo, in quanto essere libero, fa o può fare o deve fare di se stesso»[9]. Piú in generale, l'antropologia è una cognizione che può limitarsi a descrivere il *gioco* della natura, per il quale chi conosce è «lo spettatore delle proprie rappresentazioni» e l'attore di un puro sapere *teoretico,* oppure, e in ciò si fa *pragmatica*, essa si interroga sulle condizioni dell'agire, sulla pratica trasformativa dell'uomo su se stesso e dell'uomo sul mondo. La conoscenza dell'uomo, che è solo una parte di tutto l'essere inclusivo del mondo, non può che essere anche conoscenza del mondo, a sua volta di tipo teoretico o pragmatico [10]. Avere conoscenza non è avere pratica, perché la «pratica» consente non solo di assistere al gioco dell'accadere ma di *parteciparvi.* La conoscenza che ha come fine la partecipazione al gioco della natura intreccia l'elemento descrittivo e quello prescrittivo, perché parla dell'uomo come *si fa*, ma anche dell'uomo come *può* e *deve* farsi.

L'antropologia, in quanto pragmatica, dunque, descrive il prodursi di un'attività, le regole di questo prodursi, il sistema delle potenze e il sistema dei fini. Per questo essa declina, all'interno della facoltà del conoscere, i modi della subordinazione del passivo all'attivo e, tra le facoltà, i modi della subordinazione del teoretico al pratico o dello speculativo ai piú alti interessi della ragione, che sono l'accordo delle facoltà e la realizzazione del bene morale dell'umanità, dove l'uomo è fine in sé e fine ultimo di se stesso. L'antropologia ha il compito di esporre l'interesse pratico della ragione come interesse superiore, che subordina a sé l'interesse speculativo ed esige l'accordo tra le facoltà perché questa subordinazione sia possibile [11].

L'esame antropologico avvia le considerazioni sulla facoltà del conoscere muovendo dalla funzione pensante, l'io, che solo in quanto capace di *pensarsi* si fa *persona* [12]. L'uomo pensa perché, innanzitutto, sa pensarsi ed è questa riflessività che consente di chiarire nel pensare un' esistenza *affetta da se stessa*.

Il pensarsi della «persona» assume un compito – quello di tenere a freno l'egoismo, logico, estetico, morale – ed è un *potere*, perché «comporta la libertà di pensiero e la capacità dell'animo (*Gemüt*) di padroneggiare lo stato delle proprie rappresentazioni». È *l'animus sui compos* che apre all'esercizio plurale del pensare e del pensarsi: «All'egoismo non si può opporre che il pluralismo, ossia quel modo di pensare che consiste nel non ricondurre tutto il mondo a noi stessi, ma nel considerarci e nel comportarci come semplici cittadini del mondo. Questo è ciò che dice l'antropologia»[13]. Il tema della persona ricomparirà piú tardi, in apertura della seconda, breve, sezione dell'opera, la Caratteristica, quando sarà ribadito che «il carattere della persona», il carattere «vero e proprio», è il «modo di pensare» ed è quella disposizione «morale» finalizzata a «ciò che l'uomo è capace di fare di se stesso»[14].

Il problema è, allora, innanzitutto, provare a chiarire che cosa significhi il *porre mente a se stesso*[15]. Perché quest'esame allontani la tendenza, deviante per il corretto sapere, a spiarsi, a riepilogarsi, a «redigere minuziosamente la storia interna del corso involontario dei nostri pensieri e sentimenti», delle nostre affezioni e delle nostre rappresentazioni,[16] è piuttosto necessario un chiarimento sulle stesse condizioni di possibilità del sapere di sé, sulle facoltà che conoscono, sentono e desiderano, sulle loro combinazioni e congiunzioni, variabili ma legittime, che producono le trame, insieme empiriche e regolative, della complessa vita del pensare, e del pensarsi, in quanto esistenza razionale finita.

Il primo nucleo di una riflessione che, nell'esposizione antropologica, incrocia la critica è il problema del legame tra sensibilità e intelletto, tra ricettività e spontaneità, tra percezione e riflessione.

Alla *perceptio* o «*intuizione* empirica, cioé *apprensione*» la coscienza di sé (*apperceptio)* si dà come «appercezione *empirica*» o «senso interno», all'intelletto spetta la coscienza della riflessione o «appercezione *pura*». Ciò non vuol dire che l'uomo cosciente non si autorappresenti come «un solo e medesimo soggetto»[17]. La passività del «senso interno» fa della sensibilità il lato dell'*affezione*, dell'*essere affetto*. L'attività dell'intelletto ha il carattere della *spontaneità* dell'«appercezione», pur confermando, in questa distinzione, che l'*io* in quanto essere pensante è un unico e stesso soggetto con un *me* in quanto essere sensibile[18].

Il paragrafo sull'*Apologia della sensibilità*[19] argomenta che, per quanto l'intelletto sia considerato, per il suo carattere attivo, la facoltà superiore della conoscenza, le rappresentazioni sensibili hanno il merito di fornire «espressioni *pregnanti* per il concetto, *vigorose* per il sentimento e ricche di *interesse* per la determinazione del volere». Esse costituiscono nutrimento delle tre facoltà del conoscere, del sentire, del desiderare, non «*comandano* l'intelletto, ma gli si offrono per servirlo»[20]. Cosí come il corretto uso dell'intelletto esige che «signoreggi ma non indebolisca la sensibilità»[21]. Dunque, tra le due facoltà, sensibilità e intelletto, «non ci sono questioni di rango»: l'elisione di uno dei due lati del conoscere, come un «popolo senza capo» o «un capo senza popolo», porterebbe ad una oscillazione distruttiva tra gli istinti ed il nulla[22].

La forza della sensibilità e del «senso interno», nel contesto antropologico, si insedia, in modo decisivo, nel gioco dell'immaginazione. La teoria dello schematismo trascendentale, introdotto nella *Critica della Ragion Pura* per operare il transito dal molteplice dell'intuizione all'unità del concetto, aveva sospeso l'immaginazione in una posizione ambigua: le due successive edizioni della *Critica* consegnavano la funzione immaginativa prima alla sensibilità, poi all'intelletto. La ricchezza intuitiva dell'immaginazione, che la assegna al sensibile come al proprio campo di applicazione, non può sottrarne la capacità inventiva, l'attività e la spontaneità. E tuttavia la funzione attiva è esclusiva dell'intelletto e la sintesi immaginativa, lo «schema», può essere solo, per questo, un effetto che l'intelletto produce sulla sensibilità.

La prima edizione della *Critica*, che assicurava come «la sintesi della capacità di immaginazione, sebbene esercitata *a priori*, è tuttavia sempre sensibile, perché congiunge il molteplice, badando solo al modo in cui esso appare nell'intuizione»,[23] e la ripresa, nella *Critica del Giudizio*, della funzione immaginativa subordinata alla libertà e dunque «strumento della ragione e delle sue idee»[24] hanno motivato, è noto, una decisiva lettura del kantismo nei termini di una teoria della finitezza costituente e di una ontologia dell'esserci[25].

In continuità, o in coerenza, con la prima edizione della *Critica della Ragion Pura* e con i temi della terza *Critica*, l'*Antropologia* lega l'immaginazione alla sensibilità e alla facoltà dell'intuizione: «Nella facoltà di conoscere la *sensibilità* (la facoltà delle rappresentazioni nell'intuizione) contiene due elementi: il *senso* e l'*immaginazione*. Il primo è la facoltà dell'intuizione in presenza dell'oggetto, il secondo in sua assenza. A loro volta i sensi si dividono in senso *esterno* e senso *interno* (*sensus internus*); nel primo il corpo umano è affetto dalle cose corporee, nel secondo dall'animo»[26]. E poi, al § 28: «L'immaginazione (*facultas imaginandi*) come facoltà di intuire anche senza la presenza dell'oggetto, è di due specie: *produttiva* o facoltà di presentazione originaria dell'oggetto (*exibitio originaria*) precedente l'esperienza; *riproduttiva* o facoltà di presentazione derivata (*exhibitio derivativa*) che riporta nell'animo un'intuizione empirica già avuta... In altre parole, l'immaginazione è o *inventiva* (produttiva) o *reinventiva* (riproduttiva)». E tuttavia l'immaginazione non ha il potere di creare. Essa trae sempre materia dai sensi, pur essendo «un senso ricco e profondo» che conferisce alle intuizioni proprie una realtà «per analogia» con le percezioni reali[27].

C'è un gioco non intenzionale dell'immaginazione in cui intelletto e sensibilità «si affratellano», «come se derivassero l'uno dall'altro o ambedue traessero origine da una radice comune»[28]. La produzione immaginativa è ampia, anche inconsapevole, alimenta il «talento di inventare» che si fa «genio»[29] e che è sorretto dallo «spirito» (*Geist*), da un «principio dell'animo che vivifica mediante le idee (*durch Ideen*)»,[30] che libera l'immaginazione e che ha il compito di «suscitare un *interesse* attraverso le idee»,[31] attraverso gli ideali regolativi della «ragione» con i quali il corretto «giudizio» produce l'accordo con l'interesse puramente cognitivo dell'«intelletto»[32]. L'immaginazione si infiltra nel *saper fare*, in un'«arte» (*Kunst*) come effettivo esercizio pratico, che va dall'abilità all'invenzione, che mobilita la prudenza e apre la via alla saggezza [33]. L'arte è il fare di un talento inventivo che non «si limita a conoscere», ma produce «in modo *originale*»: non è, per questo, una dote naturale ma è «la persona stessa»[34].

L'operare multiplo dell'immaginazione apre uno scenario difficile da riepilogare, catalogare, definire, controllare. Produce una complessissima «carta dell'animo» che sfuma un confine indeciso tra il pensare e il non pensare: «Il campo delle intuizioni sensibili di cui non siamo coscienti e che tuttavia siamo certi di possedere, cioé il campo delle rappresentazioni *oscure* nell'uomo (e anche negli animali) è immenso; invece le rappresentazioni chiare non sono che pochissimi punti aperti alla coscienza; su quella che può essere la grande *carta* del nostro animo non esistono che poche zone illuminate». Da queste il nostro intelletto non riesce a proteggersi [35].

Non c'è dubbio che il posto dell'antropologia nel programma critico e il suo voler riaprire le dimensioni di un uomo post-metafisico trovano nel ruolo dell'immaginazione, nella sua collocazione speciale dentro il gioco delle facoltà, un punto complesso che lascia pensare un'ulteriore dislocazione del pensare, del soggetto che si pensa, da una essenziale sintesi temporale a una effettiva dispersione nel tempo, uno spostamento che mette in gioco la stessa possibilità dell'unità soggettiva.

3. L'essere affetti, l'essere affetti da se stessi, l'essere affetti dall'animo, sono le condizioni del senso interno, il quale segnala un singolare patire originario o «la coscienza di ciò che l'uomo patisce in quanto è affetto dal gioco del suo stesso pensiero» [36]. Il senso interno, con la complessità della produzione immaginativa, mostra la libertà, che tuttavia si esercita nel campo di una dipendenza radicale. Ma il movimento del «modo di pensare» – al quale rinvia il concetto di «persona» in quanto pensarsi di una esistenza finita – è l'esercizio costante dell'*animo*, del *Gemüt*, che introduce una sorta di raddoppiamento della libertà nel circolo dell'intero sistema delle facoltà: la produttività o la inventività dell'immaginazione diviene *animus sui compos*, capacità di vigilanza, di controllo, di governo, di padronanza sulle affezioni e sulle rappresentazioni, sulle innumerevoli sintesi insulari che tendono a corrodere la stessa attività sintetica, affidandola alla dispersione di un puro accadere. Tra l'immediatezza degli impulsi e il fanatismo delle illusioni, il lavoro di un pensare orientato a promuovere l'equilibrio armonico delle facoltà e a impedire «le deficienze o le malattie», gli eccessi e le passività, la pazzia e l'inerzia, non è la presenza di una indefettibile identità dell'*io penso* e dell'«appercezione pura», ma è il faticoso e quotidiano impegno del *Gemüt*, irriconducibile alla pura sintesi delle facoltà [37].

È l'autogoverno del *Gemüt* che produce l'elaborazione del sé, l'uso corretto delle facoltà, i loro scambi e le loro connessioni, compatibili con i fini morali della ragione. È la ferma risoluzione dell'animo che guida il soggetto razionale finito alle forme della prudenza e della temperanza, alla pratica della saggezza che annuncia la virtú. È la forza del *Gemüt* che consente al sentimento del piacere [38] di farsi effettivo «sentimento di un incremento della vita»: [39] la «partecipazione inattiva al sentimento» – avverte l'*Antropologia* contro il *moral sense* del naturalismo illuministico – è «sciocca e infantile»; è compito dell'animo non «lasciarsi prendere», ma «prendere qualcosa a cuore», indirizzare «consapevolmente il proprio pensiero in modo tale che la volontà sia legata a un sentimento sufficientemente forte per tradursi in azione» [40]. Cosí come solo il governo dell'animo impedisce che emozioni o passioni abbiano il sopravvento sulla padronanza di se stesso, ma corregge anche l'assenza degli «impulsi attivi», coerenti con il benessere e la virtú, e accoglie le spinte della ragione che potenziano il volere, come accade per l'entusiasmo e il coraggio [41].

Nel contesto del discorso di un'antropologia pragmatica la nozione di *Gemüt* acquista una posizione singolare e risolutiva, si propone come un atto di pensiero, imputabile alla «persona» o all' esistenza singolare, che si fa carico, nell'esercizio quotidiano, di decidere del giusto nesso tra il potere e il dovere, tra il *Können* e il *Sollen*, sottraendo, al tempo stesso, il rapporto con la verità alla pura sfera delle determinazioni intellettive. Non è, dunque, vero solo ciò che possiamo conoscere, ma è anche vero ciò che possiamo e dobbiamo fare di noi stessi. «Non c'é antropologia possibile» – scriveva Foucault commentando Kant – «che nella misura in cui il *Gemüt* non è fissato alla passività delle sue determinazioni fenomeniche, ma è animato dal lavoro delle idee al livello del campo dell'esperienza (...) È il *Geist* che apre al *Gemüt* la libertà del possibile» [42].

La sovranità dell'attività sintetica cede all'incertezza paziente, fragile, compromessa dello sforzo etico del *Gemüt*. La scelta dell'animo, dunque, esercita sul movimento vitale e sulle rappresentazioni, sulle pulsioni e sui pensieri, un suo potere di governo e di padronanza, si fa garante del movimento attivo, impedisce che la vita si infiacchisca e cada in letargo – sa riconoscere, per questo, anche il lato positivo del sogno –,[43] restituisce alla vita la giusta mobilità, ma soprattutto si impegna in un orientamento di valorizzazione della vita,[44] disponendola a ricevere, in via puramente normativa, gli effetti del sovrasensibile.

Il lavoro del *Gemüt* non si dissocia, perciò, da uno speciale uso della vita, da una nozione di uso, *Gebrauch,* presente in Kant fin dagli scritti precritici. La nozione dell'«uso», inizialmente assimilata alla «utilizzazione» e ai problemi del nesso tra l'utile e l'universale, andrà chiarendosi, col tempo, come il movimento stesso dell'animo preso tra natura e libertà. Si legge al §66 dell'*Antropologia*: «La vita in genere... non ha un valore proprio, ma soltanto rispetto all'uso che ne facciamo e in relazione ai fini cui la indirizziamo: questo valore può essere assicurato all'uomo solo dalla *saggezza*, non dalla sorte;

esso è dunque in suo potere» [45]. E a proposito dell'apologia della sensibilità le conclusioni del §8 segnalano nel *Gebrauch* una condizione finalizzata alla perfezione interna dell'uomo: «La perfezione interna dell'uomo sta nel fatto che egli ha in suo potere l'uso di tutte le sue possibilità per sottometterlo alla *libera volontà»* [46].

L'animo, il *Gemüt*, allora, ha qualcosa che l'apparenta alla vita e insieme lo lega alla presenza dello spirito, del *Geist* e alla essenzialità ritratta delle *Ideen* della dialettica trascendentale. Queste lo impegnano all'obbligo e alla serietà di un lavoro interminabile.

Il «tempo» della *Critica*, forma dell'intuizione e del senso interno, assorbiva la molteplicità del dato in una attività costruttiva e «offriva il diverso già dominato dall'unità dell'io penso». Il tempo dell'*Antropologia*, che si fa presente nell'esercizio del *Gemüt*, «è garantito da una dispersione insormontabile», perché questa non riguarda il dato e la passività sensibile, ma è «la dispersione dell'attività sintetica in rapporto a se stessa» [47]. Il tempo della *Critica* assicura l'unità dell'originario, che potrà ispirare il pensiero dell'origine come «ontologia dell'infinito»,[48] come illusione dell'«infinito attuale» e come «estenuazione della verità» nella «verità della verità»[49]. Il tempo dell'*Antropologia* è, invece, la dispersione delle sintesi e la possibilità «sempre rinnovata di vederle sfuggire le une alle altre». Il tempo della *Critica* si pone nella dimensione dell'*Ur*, dell'assolutamente originario, dell'inizio inalterabile, il tempo dell'*Antropologia* occupa il dominio del *Ver*, della possibilità di portare ad effetto, di mettere insieme, ma anche di deviare, di comporre e di scomporre ogni direzione, ogni determinazione acquisita. Il tempo dell'*Antropologia* non è, infine, solo ciò *in* cui, *attraverso* cui e *per* cui si compie la sintesi, ma è ciò che «corrode» la stessa attività sintetica [50]. Per questo nella «regione antropologica» non c'è sintesi «che non sia minacciata» e il dominio dell'esperienza è come attraversato da pericoli che non riguardano «lo sconfinamento arbitrario», ma «lo sprofondamento del sé» [51].

È innanzitutto il problema della passività e del tempo che irrompe negli anni maturi del testo del 1798 e che induce Kant all'interesse per la «medicina morale» adatta a prospettare una nozione di terapia e di salute come spazio di esercizio della libertà. Contemporaneo dell'*Anthropologie*, cui è debitore di larghi brani, è il *Von der Macht des Gemüts* del 1797, che costituisce, com'è noto, la terza parte di *Der Streit der Fakultäten* [52]. Non c'è dubbio che i due scritti, con diverso peso, si rinviano e si completano. Nel *Vor der Macht* la sezione sul Principio della Dietetica definisce «filosofica» l'arte medica e la morale una sorta di «*Universalmedizin*», dal momento che l'uomo e la forza della sua ragione, il corretto uso delle facoltà e la determinazione dell'animo sono in grado di conservare una signoria sui sentimenti e le passioni, le affezioni e le alterazioni «per mezzo di un principio che egli (l'uomo) si è dato da sé» [53]. È certamente in problema, nell'arte di prolungare la vita, il nesso tra l'uomo natura e l'uomo soggetto di libertà, ma ciò che preme, nel rileggere il testo del *Von der Macht*, è il significato rinnovato e largo del *Gebrauch*, dell'uso della vita secondo il fine morale dell'autodeterminazione e dell'autogoverno. L'uso della vita è qui sottratto, a differenza degli scritti precritici, all'attualità tecnica, alla pura utilità e all'abitudine, per essere collocato nel dominio della obbligazione nei confronti di se stessi. Il *Gebrauch* si fa compito di un'attitudine filosofica, è obbligo del filosofo, che nell'*Antropologia* Kant definisce non «uno scienziato» ma un «ricercatore della saggezza», capace di praticare un sapere orientato alla valorizzazione morale [54].

La «medicina morale» impegna, infatti, «il filosofo, non soltanto il tecnico nell'esercizio della ragione: rivela cioè un uomo che non solo (...) desume abilmente per la sua scienza medica i mezzi d'attuazione (tecnica) prescritti dalla ragione, come l'esperienza li offre, ma come membro legislatore della corporazione dei medici li attinge dalla ragion pura, che sa prescrivere con abilità ciò che *giova* e con sapienza sa aggiungervi anche ciò che è in sé un *dovere*» [55]. Affiancare all'abilità il sentimento morale del dovere significa, per l'*Antropologia*, trovare da sé la saggezza nella pratica delle tre massime: 1) Pensare da sé; 2) Pensare al posto degli altri (nelle relazioni con gli altri); 3) Pensare sempre in accordo con se stesso» [56].

4. Il pensare da sé e il divenire persona riassumono il senso dell'appello all'uscita dalla minorità, del *sapere aude*, che, nell'*Antropologia*, conclude la sezione sulla facoltà del conoscere e che nel 1784 era stato il grande tema della *Beantwortung der Frage*, della risposta kantiana alla domanda: che cos'è l'Illuminismo? Una risposta che richiama alla distinzione tra uso privato e uso pubblico della ragione, non lontana dalla distinzione tra uso *scolastico* e uso *cosmico*, già posta dalla *Critica della Ragion Pura*. Il concetto scolastico concerne l'unità sistematica e la perfezione logica del sapere, il concetto cosmico è «il concetto riguardante ciò che interessa necessariamente chiunque» [57]. Il pensare da sé implica un passaggio dalla finalità tecnica (uso privato o scolastico) alla finalità cosmo-politica e morale (uso pubblico o cosmico) e ciò converge con quella vita filosofica che subordina la pura competenza cognitiva all'orientamento morale della saggezza e della virtú. La svolta nel pensare è, dunque, la volontà di diffondere «il sentimento della stima razionale del proprio valore e della vocazione di ogni uomo a pensare da sé»: [58] l'Illuminismo apre il campo a questo mutamento [59].

Il porre mente a se stessi, il pensarsi, fa della persona il carattere proprio dell'uomo, ma anche l'orientamento a comprendere il carattere della specie. Che cosa sia il genere umano è comprensibile solo a partire dal suo compito e dalla sua destinazione: il fine dell'uomo è la libera volontà morale e questo si compie non nel singolo ma nell'intero genere umano, in una progressione che si fa nel tempo, senza che questo possa, tuttavia, colmare l'idea regolativa della legge morale o del regno dei fini.

Comprendere il carattere della specie non vuol dire definire e «classificare l'uomo nel sistema della natura vivente», ma riconoscere che l'uomo «ha un carattere che si forgia da sé perché è capace di perfezionarsi secondo fini scelti da lui stesso» [60]. Il discorso dell'*Antropologia* conclude sui temi di teoria della storia e sulle questioni del «progresso verso il meglio», riprendendo il progetto, annunciato nelle premesse, di una considerazione dell'uomo come cittadino del mondo.

In quanto elemento parziale nel tutto, l'uomo non può non pensarsi nel tutto, non può che pensarsi come uomo nel mondo o, in quanto pragmaticamente orientato, come «cittadino del mondo», *Weltbürger*. E non c'è dubbio che le analisi antropologiche, in coerenza con gli scritti di teoria del diritto e della storia, elencano le condizioni sensibili di realizzazione del bene supremo dell'umanità, gli effetti nell'esperienza dei fini morali della ragione. Le condizioni di realizzazione del bene sommo non riguardano, infatti, solo il corretto uso delle facoltà e dei loro incroci, ma coinvolgono il terreno concreto, difficile e contraddittorio, dell'esperienza collettiva, che vive dell'intreccio tra il dato ed il fine, tra ciò che è e ciò che ciascuno vuole fare di sé, un terreno di concordia discorde,[61] dove il processo della civilizzazione, della cultura, della legalità e del diritto, della costituzione civile e della convivenza regolata, tende ad aiutare e a sostenere l'attitudine a proporsi liberi fini e ad elevarsi dalla natura alla libertà.

Che il genere umano sia attore della propria destinazione non è possibile «desumerlo apriori dalle disposizioni naturali che conosciamo in esso, ma soltanto dall'esperienza e dalla storia»,[62] spesso caotica e incerta. La legge del dovere e il sentimento morale sono l'unica certezza sufficiente a far nascere l'impegno per lo sviluppo del bene dal male [63]. Non è la legge di natura che spinge l'umanità dalla cultura alla moralità, ma è la legge della moralità che promuove una cultura ad essa conforme [64].

Le condizioni concrete di realizzazione del bene dell'umanità non sono quelle di una natura sensibile subordinata alla legge morale. Per quanto il sovrasensibile, la legge morale, abbia i suoi effetti nel sensibile, per quanto solo in esso trovi la sua realizzazione, la natura sensibile resta subordinata alle leggi che le sono proprie: è attraverso la meccanica delle forze e il conflitto delle tendenze che si realizza una società, l'unico ambiente nel quale il fine ultimo possa essere storicamente realizzato [65]. Il disegno razionale della storia resterebbe, allora, solo l'orizzonte normativo di una effettualità incerta ed esposta allo scacco, non un piano provvidenziale e un'astuzia nascosta piú vicina alle illusioni che non alle *Ideen* [66]. Alla domanda: se il genere umano è in continuo progresso verso il meglio, la risposta è inequivocabilmente suggerita dalla forza regolativa della ragione dialettica, da quelle *Ideen*, sostenute dall'animazione del *Geist*, che possono offrire all'immaginazione dell'uomo solo un sentimento di impotenza e al tempo stesso di orgoglio e di accensione morale. Come accade nell'esperienza del sublime e nel sentimento dell'entusiasmo [67].

Solo un evento, un segno, un indizio, non la catena causale dell'osservazione storico-empirica, può farci apprendere la presentazione di una causalità libera. Questo evento, per la storia del genere umano, è la Rivoluzione francese. Ma il senso della Rivoluzione rimane l'effetto detonante nella mente e nel pensiero di chi l'osserva, di chi non è di fatto compromesso con le vicende ed i fatti, di chi prova un sentimento di entusiasmo per il farsi presente della libertà [68]. E l'entusiasmo modifica innanzitutto se stessi, l'entusiasmo, di per sé, se lontano dalla deviata fantasticheria, non vede niente [69]. È solo quel segno energetico che ci dispone ad accogliere le *Ideen*.

Nell'antropologia kantiana l'attività sintetica dell'io e il senso concluso della storia sono, dunque, costantemente esposti allo sprofondamento. Questo rischio, piú che la natura cattiva, è il profilo del «male radicale» [70]. L'empirico e il trascendentale restano sospesi a un gioco di congiunzione e di disgiunzione, di ineguaglianza e di appartenenza, che rafforza il circolo enigmatico del sapere antropologico e dell'esercizio critico.

Capitolo terzo

L'apparente duplicazione

1. La svolta nel pensare, che il kantismo ha indicato nel passaggio dall'uso scolastico (tecnico) all'uso cosmico (cosmopolitico e morale) della ragione, segnala una criticità di secondo tipo nello scarto tra l'empirico e il trascendentale. L'esercizio critico, da analisi del corretto uso delle facoltà e determinazione dei loro limiti, si propone, oltre i compiti di una fondazione, come diretta esperienza del limite e pratica di valorizzazione. Di questa critica si fanno carico l'invito illuministico a pensare da sé – che chiude, come si è ricordato, la sezione sulla facoltà del conoscere dell'*Antropologia* – e la centralità che assumono, in riferimento ai temi della storia e della destinazione morale, l'entusiasmo e il sentimento del sublime.

La nozione del sublime (*Erhabene*) accompagna, nella Critica del Giudizio, il tema dell'insufficienza dell'immaginazione, «insufficienza del massimo potere sensibile»,[1] sentimento d'impotenza che si rovescia nella potenza di accedere ad un accordo con le *Ideen*, con l'assoluto impresentabile, che il *Geist* anima e vivifica. Il sublime ridefinisce l'interesse superiore della ragione nello sconfinamento, in ciò che è incolmabile nel dato sensibile, e apre la necessità di una finalità che è «non finalità»,[2] di uno scopo sempre privato di se stesso o spinto oltre se stesso.

Pur critico di Kant e per tanti versi piú vicino alla filosofia fenomenologica e alle filosofie novecentesche della vita, e non solo a queste, Max Scheler, ritenuto il fondatore dell'antropologia filosofica moderna, introduce la questione della domanda sull'uomo richiamando il *coraggio della verità* e proponendo una costruzione concettuale che lascia ancora pensare alle nozioni kantiane del sentimento del sublime e dello spirito che sollecita, *durch Ideen*, il movimento di spinta verso una inesauribile destinazione sovrasensibile (*übersinnlichen Bestimmung*).

I problemi di un'antropologia filosofica – si legge nella Prefazione a *La posizione dell'uomo nel cosmo* – sono al centro di un dibattito che impegna filosofi, biologi, medici, psicologi, sociologi. «Eppure mai, nel corso di tutta la sua storia, l'uomo è stato tanto enigmatico a se stesso come nell'epoca attuale» [3]. L'uomo non sa piú che cosa è, ma allo stesso tempo *sa* anche *che* non lo sa [4]. In questa consavolezza è «risorto il *coraggio della verità*: il coraggio di porsi questa domanda essenziale conservandone tutta la problematicità» [5].

Quanto piú ricca è la conoscenza dei saperi empirici sull'uomo tanto piú la domanda *essenziale* che lo riguarda va preliminarmente liberata dalle riduzioni teologiche, filosofiche, scientifiche: l'essenza dell'uomo è, infatti, da queste indeducibile. E l'elencazione delle tre forme di deduzione astraente, quella giudaico-cristiana, quella greco-antica e, infine, quella del moderno evoluzionismo, occupa l'apertura del testo [6]. In realtà gli obiettivi polemici restano due: la «teoria classica» e la «teoria negativa».

La «teoria classica» risponde all'«*autopotenza dell'idea*»[7] e riassume le tesi teistiche del Dio onnipotente come le tesi greco-antiche della forza del logos, piú in generale ogni discorso sull'autoaffermazione di un principio razionale o vitale[8]. Con la «teoria classica» converge l'ipotesi di realizzazione progressiva del principio, e dunque ogni forma di «teleologismo», che vede insieme da un lato idealismo e vitalismo, dall'altro materialismo e naturalistico: sui due lati, il movimento energetico divide due direzioni, dall'alto verso il basso per l'idealismo e il vitalismo, dal basso verso l'alto per il materialismo e il naturalismo [9]. La «teoria negativa» si oppone alla «teoria classica» e ne contesta un mondo sostanzialmente immodificabile e un «vertice» gerarchico «onnipotente». Per essa tutte le attività umane sono sempre effetto di un «No» e le forme dell'essere sono solo «gruppi di una rigida processione verso il nulla silenzioso» [10]. La «teoria negativa» esprime un nichilismo sostanziale che «conduce ad una fallace spiegazione meccanicistica dell'universo»[11].

Come pensare – è, allora, il problema di Scheler – un movimento che, privato di un vertice, possa esprimere l'essere e non il nulla? Come spingere dagli inizi e da una base concreta l'agire dell'uomo eticamente orientato e sottratto alla ripetizione conservativa o all'insensatezza? Come può la risposta alla domanda sull'«essenza» dell'uomo farne l'attore reale della valorizzazione di sé e del mondo?

L'«*impossibilità di diventare oggetto di definizione*» costituisce «l'essenza stessa dell'uomo» – è la prima, convinta risposta di Scheler – e ne indica il tratto di *frontiera* e il suo essere solo il movimento di un *passaggio* [12].

Se il bisogno di concretezza impone innanzitutto l'esame della struttura complessiva dell'essere naturale e se, a partire da questo, ci si interroga sulla posizione particolare dell'uomo nel cosmo, è facile comprendere come il problema filosofico della scissione non riguardi piú l'anima e il corpo, quanto piuttosto lo spirito e la vita, l'idealismo e il naturalismo [13]. Il *passare* dell'uomo dovrà, dunque, coprire qui il punto di una connessione possibile.

Ciò che caratterizza il vivente, dice Scheler, è che, diversamente dai centri di forza dell'inorganico, in connessione meccanica ed esteriore, l'organismo appare come un «*esser–per–se stessi*», un «*esser–interno*» (*Innesein*), un'autocentralizzazione di complessità crescente [14]. Al di là del comune «impulso dell'affezione vitale», che nella pianta mostra una esclusiva direzionalità esterna o di tipo «*estatico*», nell'animale e nell'uomo la sensibilità produce il «*rivolgimento riattualizzante*» (*Rückmeldung*), l'apparire di una «sia pur primitiva *re–flexio*» della vita, la capacità dell'organismo di riferire le proprie attività a una dimensione interna [15]. Cosí il fisiologico e lo psicologico sono i due punti dello stesso processo vitale: con il circolo organismo-ambiente e con l'apparire dell'essere interno-esterno l'unità del vivente, l'unità del corpo e dell'anima, diviene tangibile [16]. La scissione, esclusa dalla vita, si sposta e occupa il confronto con una sfera per cosí dire trans-vitale, dove, per l'uomo, il campo dell'agire è irriducibile al pur differenziato e complesso piano delle *pulsioni*, a quella ricchezza flessibile e innovativa, cioè, dove la vita stessa, oltre la rigidità degli *istinti*, accenna alla «smisuratezza» [17].

È un fatto che l'animale condivide con l'uomo la «memoria associativa» e l'«intelligenza pratica», ma è sprovvisto dell'«atto del preferire un valore» [18]. La «scelta» intelligente, improvvisa e repentina in presenza di una situazione «nuova e atipica» per la conservazione dell'individuo piú che della specie,[19] attiene alla praticità e all'utile, esprime «la facoltà del preferire» relativamente ai beni ma non ai valori [20]. Il valore «vitale» non è il valore «spirituale» e non lo annuncia, cosí come il centro bio-psichico non è il centro *personale* e quest'ultimo non è il «frutto di una 'evoluzione naturale della vita'», ma va compreso in riferimento a un «principio opposto a tutta la vita nel suo complesso». La *persona* è il *centro degli atti* di un pensiero ideativo, di una intuizione di contenuti essenziali,[21] è una «X» per la quale si fa uso del «termine *spirito*» [22]. Questo è risolto nei suoi atti, è inoggettivabile e consiste in un *raccogliersi* e *concentrarsi* [23].

Con il centro personale si produce un «*secondo grado* dell'atto della *re-flexio*», «la coscienza che l'atto spirituale ha di se stesso» o «*autocoscienza*». Questo secondo ritorno a sé consente di distanziare la propria costituzione bio-psichica e di «elevare la propria vita oltre se stessa» [24]. La condizione dell'uomo, che si fa persona, è quella di un centro che, duplicando se stesso, se ne pone fuori, è *ex–centrico* [25].

La dimensione dello spirito è, dunque, un campo transvitale, che si mostra nell'intreccio dinamico di processi di «dis–attualizzazione», di «derealizzazione», di «oggettivazione»: questi consentono all'uomo di farsi «uomo complessivo», quell'*Allmensch* che resta, cosí, un compito per l'uomo di natura e lo apre allo sforzo di legare il centro vitale e il centro personale.

Il pensiero ideativo, o la specificità di ciò che si è chiamato «spirito», il suo essere essenzialmente «atto di ideazione», nasce da una altrettanto specifica sospensione del carattere di realtà: la «derealizzazione» o riduzione di realtà - nozione non estranea alla «riduzione fenomenologica» husserliana –, [26] che non sospende tanto il giudizio sull'esistenza mondana per lasciarne apparire l'essenza, quanto piuttosto esprime un «No» nei confronti della realtà sensibile, prova ad escludere la pressione, la resistenza della sfera mondana relativa alla sua rilevanza per le pulsioni vitali: *derealizzare* significa «tentare di sospendere e annichilire l'impressione totale, indivisa e possente della realtà», [27] quell'esperienza di resistenza che si dà a partire dalla vita desiderativa e pulsionale e che precede ogni coscienza e ogni percezione [28]. Significa neutralizzare l'impulso vitale originario, *dis–attualizzando* la via d'accesso al legame estatico, o di immedesimazione istintuale e pulsionale, con il mondo [29]. È a partire dalla comprensione dell'ascesi vitale – l'uomo è l'«asceta della vita», dice Scheler – [30] che è possibile attribuire all'«oggettivazione» il significato particolare che la nozione assume nel quadro del difficile *passare*, per l'uomo, dalla vita allo spirito. Oggettivare è pensare per ideazione o per intuizioni d'essenze, è un sapere spirituale che non è il sapere tecnico-pratico dell'intelligenza, assimilata all'astuzia e alla furbizia, o delle scienze empiriche. Di queste il sapere essenziale ha la funzione di definire gli «*assiomi* supremi che ci indicano, attraverso l'intelligenza e il pensiero discorsivo, la direzione produttiva di un'osservazione, un'induzione o una deduzione». La seconda funzione della conoscenza «essenziale» è, invece, relativa alla comprensione dell'essere ed è apertura di «*finestre sull'assoluto*»[31].

Oggettivare è, allora, riaprire la realtà negata dalla pulsione, occupando un mondo aperto, che non è chiuso nel circolo organismo-ambiente e nella logica della conservazione del vivente, ma che l'«essere libero dal mondo-ambiente» o l'essere «aperto al mondo» effettivamente *ha*. L'uomo *ha* il mondo, quando è in grado di elevare ad oggetti «proprio quei centri in cui invece l'animale è ancora *estaticamente* immerso». Di questi centri divenuti «oggetti» l'uomo comprende l'«essenza» perchè mette «in parentesi quella *limitazione di rilevanza*, a cui è necessariamente sottoposto questo mondo... ad opera del sistema pulsional-vitale e delle funzioni e organi sensibili che ne rappresentano il prolungamento»[32]. La capacità di «oggettivazione» dello *spirito* «attraverso l'essenza delle cose stesse» è, dunque, una dilatazione di realtà derealizzata, conseguente alla neutralizzazione e alla sospensione della realtà chiusa e funzionale all'appagamento delle pulsioni vitali direzionate. Nella scala delle attività bio-psichiche ciò che è *irrilevante* non è dato, se non come *resistenza* alla richiesta o al rifiuto della pulsione: il sapere è contenuto entro «gli *argini e i confini della struttura di rilevanza*» del mondo-ambiente e lo stato psico-fisiologico è il motore del circolo tra i due termini, l'interno e l'esterno, che simmetricamente si rinviano. Un «essere che ha lo *spirito*» è capace di invertire il decorso e di estendere illimitatamente il mondo delle cose esistenti: l'uomo può esser motivato «dalla pura essenza di un complesso di intuizioni elevate ad oggetto», in virtú di un'azione di «inibizione o disinibizione *libera»* di una tendenza pulsionale[33]. L'«*eccedenza* d'inappagamento» delle aspettative pulsionali, «il *vuoto del nostro cuore*»,[34] è quella *sublimazione*[35] che esonera la potenza dallo schema puramente vitale e consente di «*rielaborare* il proprio mondo percettivo attraverso un ordine concettuale ideale, indirizzando cosí in modo crescente le *energie*, sopite nelle pulsioni rimosse, verso lo spirito che lo abita»[36].

L'«animale malato», ritenuto tale perché bio-psichicamente deficitario e carente, sofferente e dominato dall'angoscia fondamentale di proteggersi, non può da sé spiegare la civilizzazione e la cultura, come se solo il ritardo biologico potesse costringere alla rimozione di un'eccedenza pulsionale. Perché una specie disadattata come l'uomo non é perita come altre centinaia di specie? È la domanda di Scheler[37]. È piuttosto «il progetto della *volontà proposto dallo spirito*» che offre a una «pulsione impaziente proprio quelle rappresentazioni che risultano piú conformi ai propri valori e alla proprie idee». Lo spirito non può creare o annullare l'energia pulsionale, ma con l'inibizione o disinibizione e con l'atto di ideazione – mostrando alla vita il valore – può esercitare *conduzione* (*Lenkung*) e *orientamento* (*Leitung*)[38].

Il movimento dal basso verso l'alto, che, secondo la critica di Scheler, aveva segnato il teleologismo naturalistico, interrompe la continuità metafisica con una «nuova» metafisica,[39] con un pensiero dell'essere che non esita a duplicare la ricerca dell'essenza dell'uomo sui due lati del vitale e dello spirituale, dell'empirico e di ciò che in questo non è traducibile, dei saperi positivi e della metafisica trans-vitale. La nozione di spirito è irriducibile alla sequenza dell'ordine vitale in cui pure trova le sue radici l'esistenza umana, tanto irriducibile da opporre alla vita l'impotenza. Lo spirito per sua natura non ha energie: «*L'inferiore è originariamente potente e il superiore originariamente impotente*»[40].

Il tanto denunciato dualismo[41] e la contraddizione che i temi intrecciati dell'«atto» e dell'«impotenza» assegnano alla nozione di spirito sembrano configurarsi, nel discorso scheleriano, come espedienti di garanzia della inassimilabilità dello spirito alla pura catena dei viventi. Una duplicazione, quella della vita e dello spirito, che è in grado di offrire la premessa teorica coerente a un rinnovato sentimento kantiano del sublime. L'esistenza reale e la storia dell'umanità non possono che proporsi, da questa prospettiva, come incolmabile e incerta compenetrazione di sovrasensibile e sensibile, di spirito e vita, di sforzo nell'accordare, all'infinito, le *Ideen* e il lavoro dell'immaginazione, il dovere morale e gli effettivi poteri del vivente.

«La cultura spirituale è qualcosa di *sublime*» – [42] scriveva Scheler nel 1918, quando pure non era ancora consumato il teismo, poi accantonato negli anni maturi dell'antropologia filosofica – «e tutto ciò che chiamiamo civilizzazione costituisce soltanto il luogo necessario e il meccanismo esteriore, indispensabile al suo apparire. Ma la sostanza della cultura spirituale, la *radice* anzi di ogni cultura, è quell'X verso cui si dirigono la preghiera e il moto di un amore sacro» [43]. La radice della cultura, alla quale è subordinato il complesso delle operazioni pratiche della civilizzazione e che lascia apparire come «estremamente risibile» l'agire per la pura «conservazione della vita», è un obiettivo non lontano dalla kantiana *übersinnlichen Bestimmung*, dalla destinazione morale dell'uomo che si fa *preghiera*: «l''uomo'... è l'intenzione e il gesto della 'trascendenza'... l'essere che prega... Anzi l''uomo' non 'prega', egli *è* la preghiera» [44]. L'uomo occupa il passaggio, continua il testo, nell'impossibilità di esser definito.

Se il fine «dell'essere e del divenire infinito» sta nella compenetrazione di uno spirito impotente e di un impulso primordiale demoniaco, l'errore del teismo sta proprio, secondo Scheler, nel considerare questo fine come punto di partenza. Una *deitas* può orientare e dirigere l'*urto* della «violenta tempesta» del mondo [45]. L'essere assoluto indeterminato, la *causa sui* il cui predicato è la «santità», in realtà appartiene all'uomo sempre e soltanto costitutivamente insieme alla coscienza del mondo [46].

La *deitas* esprime, cosí, soltanto la ricerca incessante di penetrare illimitatamente nella sfera del mondo, senza che alcuna datità possa mai soddisfarla [47]. Con la caduta delle certezze e dopo la critica alla metafisica della rassicurazione, per cui l'essere non può esistere come «sostegno» dell'uomo, non resta che ripensare la incompiutezza di una *compenetrazione diveniente* dello spirito e della vita, dell'orientamento e della potenza, del dovere e del potere. Spirito e vita non sono principi in sé compiuti e non predeterminano il fine, ma «*crescono*» insieme nella storia indecisa dell'uomo e del cosmo. Partecipare ad essi, al movimento aperto della loro compenetrazione, è solo una «*coesecuzione* degli atti». Si diviene passaggio di vita e di spirito attraverso l'atto dell'*impegno personale* e dell'identificazione attiva [48].

Non è forse incoerente il giudizio di Horkheimer che, dopo aver criticato il compito assegnato da Scheler all'antropologia filosofica, quello di mostrare una «struttura di fondo» dell'essere uomo, riconosce al rifiuto scheleriano del presupposto teistico il merito di avere contrastato il maggiore impulso alla metafisica e di avere avviato, cosí, la direzione di una effettiva teoria materialistica [49].

2. Contemporaneo della scheleriana *Stellung des Mensch* è il testo di Helmuth Plessner, *Die Stufen des Organischen und der Mensch*, del 1928,[50] considerato il punto di maturazione di un'antropologia che si alimenta del criticismo, della svolta fenomenologica e dell'ermeneutica diltheyana, attenta, quest'ultima, all'incontro di vita e storia.

L'antropologia filosofica avrebbe dovuto unire, nel programma di Plessner, un'analitica dell'esserci all'esame delle sue correlazioni con gli «strati della natura»,[51] includendo, in un'ampia teoria del vivente, la piena, concreta, vissuta realtà umana, le sue espressioni culturali, sociali, artistiche, religiose, la molteplicità totale dello scenario storico in cui l'unità della vita accade [52]. A questa unità appartengono il fisico, lo psichico, lo spirituale, e la storia umana non è che il mostrarsi delle differenti maniere in cui l'uomo vive e conferisce senso alla sua natura e al suo mondo.

Non poche nozioni, da quella dell'uomo *ex-centrico* [53] a quella dello «spirito» come «infinita infinità»,[54] sembrano assimilare la proposta antropologica di Plessner a quella di

Scheler, ma il punto di massimo confronto, e forse di sicura distanza, resta probabilmente il senso dell'*essere-due*.

La «fondazione» antropologica non può ignorare una cosmologia naturale che la introduca, ma al tempo stesso non può impedirsi di comprendere una essenziale duplicità dell'essenza dell'uomo che fa della «sintesi» una speciale tensione di elementi uniti ma non superati. L'uomo è il campo di una sintesi che resta duale e duplicante, che media e separa, con l'assoluta esclusione del terzo: l'atto sintetico non può mai darsi come *Aufhebung* [55].

La centralità dell'atto di sintesi, luogo dell'incontro di termini, pur inassimilabili, come soggetto e oggetto, forma e materia, coscienza e mondo, segnala un primo luogo teorico decisivo per ripensare il criticismo kantiano, per legarsi al neo-criticismo, per accogliere della fenomenologia, delle scienze biopsichiche, delle filosofie della vita, quella imprescindibilità del corporeo, da cui è necessario che muova, secondo Plessner, ogni analisi dell'esperienza e, innanzitutto, dell'esperienza cognitiva.

Il bisogno di pensare la vita nell'atto stesso del pensare spiega, cosí, le ragioni di una «estesiologia» di ampio spettro, che si interroghi, da un lato, sulla conoscenza dell'uomo in riferimento alla sua organizzazione psico-fisica, dall'altro, sulle condizioni di validità della ricchezza di contenuti della nostra esperienza del mondo: questioni che consentono di superare il formalismo dell'analitica kantiana e di considerare la sensibilità un modo del comprendere piuttosto che un limite del pensiero.

Le sintesi estesiologiche e le differenti leggi strutturali della sensibilità, per le quali il contenuto ha senso, la materia ha forma ed esprime modi possibili di presentazione,[56] ci dicono che nel corpo la coscienza e lo spirito trovano il loro campo di possibilità, che l'esperienza è il corpo vivente dove accade la «sensibilizzazione dello spirito» e la «spiritualizzazione del sensibile»,[57] e che, nella sintesi, convergono e divergono atteggiamenti corporei e funzioni spirituali, secondo una totale immanenza dello spirito nel corpo.

La critica dei sensi non si limita ad avere una funzione per la conoscenza, ma si fa carico di una prospettiva onto-cosmologica, perché accenna, già nell' esperienza sensibile, alla inseparabilità, pur nell'*essere–due*, dei piani della complicazione della vita, il naturale e lo spirituale, e lascia comprendere quanto sia primaria la forma della duplicazione, del raddoppiamento, l'*apriori* della sintesi come rapporto di eterogenei.

L'elemento di una sintesi associata alla duplicazione permanente è, dunque, il punto fondante della teoria del vivente, perché ne esprime la essenziale non-coincidenza di sé col mondo e di sé con sé. La nozione di sintesi anticipa del vivente il suo essere innanzitutto uno *iato*.

L'esame antropologico dei «modali organici» fa comprendere, nelle analisi di Plessner, come le forme di vita siano una inevitabile e frammentata complicazione dello schema apriori del *dentro-fuori* [58]. Uno schema che si compendia nella nozione di «*posizionalità*»,[59] chiamata a differenziare l'organico dall'inorganico. La misura delle differenti maniere di posizionarsi del vivente diviene, poi, se si considera il passaggio dalla vita animale a quella pienamente umana, il *possedersi*, l'avere possesso di sé: la grande differenza tra gli organismi risponde alla domanda se e in che forma il vivente possegga se stesso nel rapporto con l'ambiente [60].

L'animale si distingue dalla pianta per la sua organizzazione chiusa. La pianta ha una forma aperta perché immediatamente legata all'ambiente da cui è dipendente. La forma chiusa dell'animale, il suo essere un corpo-limite, lo rende indipendente, perché è un organismo vivente dai confini che gli appartengono e che produce da sé nel passare da un dentro ad un fuori. Ciò ne fa un autentico sistema vitale, ne segnala la effettività vitalità. L'animale è un essere *centrico*, dove si mostra un primo sdoppiamento tra l'«essere corpo» e l'«avere corpo»,[61] un primo essere presente a sé che apre la dualità tra sé e sé e tra sè e l'ambiente, uno sdoppiarsi che allarga la presenza ambientale e la ricchezza di risposta agli stimoli, introducendo la possibilità dell'errore e l'incertezza irrequieta della lotta e dell'antagonismo[62].

Nell'uomo il possedersi si completa nella posizione dello *spettatore*, dell'essere *dietro se stessi*[63]. Una posizione che non si limita ad aprire nel corpo lo spazio vuoto della «mediazione» di tipo animale, ma che, vivendosi *come* centro[64] e, collocandosi fuori del dentro-fuori, è essenzialmente fuori dalla scena, è dislocato, decentrato, *ex-centrico*. L'eccentricità, lo stare a guardare, introduce, cosí, quell'«oggettivazione» che manca all'animale, perché produce un «piú di invisibilità» del mondo intuito, un «piú di negatività»[65] che orienta la inarrestabile inadeguatezza dello stato del «circolo della vita»[66]. Questa caratterizzazione dell'umano trova un coerente compendio nelle tre leggi antropologiche fondamentali dell'«artificialità naturale», dell'«immediatezza mediata», del «luogo utopico»[67].

Nella riflessività piú estraniante, nel completo ritorno a sé del vivente uomo, la consapevolezza del proprio sentire, volere, pensare, segnala nella cultura solo la forma di complicazione della natura, uno iato tra natura e spirito, vita e storia, riconducibile alla forma della sintesi che raddoppia e a un onnicomprensivo dentro-fuori, determinato-indeterminato, positivo-negativo. Una dualità insoluta che resta anche alimento delle riflessioni di Plessner sulla teoria della storia, della società, della politica,[68] assegnando a una convinta ambiguità del potere e del comprendere la condizione per evitare i facili dualismi del tempo della crisi, diviso, dopo la caduta della metafisica e del teleologismo, tra radicalismo e comunitarismo, tra primato dell'intenzione e indifferentismo politico, tra rivolta irrazionale e accettazione dell'ordine imposto[69].

L'attenzione alle forme espressive e linguistiche, che troverà momenti di sottili e insinuanti proposte negli scritti successivi alle *Stufen*, mantiene aperta la questione dell'umano in quanto raddoppiamento, iato, vuoto. Le forme del «riso» e del «pianto» espongono, nell'uomo, il segnale di un franare, di un corto circuito, di uno spossessamento e di una sconfitta della stessa costruttiva capacità di negare, quando l'attualità di un *io spettatore* vive contraddittoriamente la perdita del «possesso» del corpo. La fisicità si fa autonomamente espressiva ed esibisce un allarmante scollamento dell'*eccentrico*. La situazione che l'*io* è chiamato ad affrontare dà scacco, non ha risposta: qui il ridere (*Lachen*) e il piangere (*Weinen)* soltanto «testimoniano» la comprensione dell'incomprensibile, il potere nell'impotenza, la libertà nella coercizione [70].

Dunque, l'*uno-due* del vivente e in particolare dell'uomo, che da vita si fa storia e che radica la storia nella vita, non può creare la realtà da un fondo spirituale o dall'intuizione di idee ultramondane, come sembravano suggerire le due dimensioni di spirito e vita nelle tesi di Scheler, ma è la dinamica stessa della elaborazione di ciò con cui l'uomo è in rapporto, in sé e fuori di sé. È solo l'oscillazione, mai risolta nel terzo, della sintesi del due.

Per quanto l'antropologia filosofica di Plessner resti orientata da una forte esigenza ermeneutica – che l'autore assimila dalla *Göttingen Dilthey-Schule* – storia e antropologia, in ultima analisi, si dividono. Certamente per il metodo e le finalità. L'antropologia resta fedele a una sistematica dell'umano, alla individuazione di costanti che, assumendo anche una funzione regolativa, aspirano ad evitare l'assolutizzazione di particolari concezioni dell'uomo, di carattere teologico o empirico, proponendo, insieme, in coerenza con la modernità, un'antropologia e una critica all'antropologia [71]. Ma per l'antropologo l'esperienza resta un piano di realtà che rinvia alla struttura a priori e che, dunque, non può essere diversa da quella che *è*. Il piano della storia potrebbe ancora, forse, consumando le costanti antropologiche e la loro centralità nel discorso sull'uomo, aiutare a riformulare la domanda su «che cosa è l'uomo» in una piú disorientata e complessa questione del «chi siamo noi» [72].

3. L'antropologia di Arnold Gehlen, che trova il suo nucleo centrale nell'opera del 1940 dal titolo *Der Mensch. Seine Natur und seine Stellung in der Welt*, intende contrastare il dualismo della tradizione, ma anche ogni forma di evolutismo che prepara, per l'uomo, il salto in un principio trans-vitale, come lo spirito scheleriano, o lo stadio finale di un puro processo di complicazione dell'animalità, come lasciava pensare la posizionalità eccentrica di Plessner. Le analisi di Gehlen si spostano decisamente sul piano discontinuo delle strutture specifiche del vivente e radicalizzano il protagonismo della natura e della dimensione biologica nel comportamento e nelle finalità della vita umana. «Antropologia elementare»[73] è l'espressione che Gehlen attribuisce a una riflessione sull'uomo che lo vede «progetto globale della natura», «affatto unico, mai altrimenti tentato»[74].

La specificità dell'umano sta nell'essere una forma vivente stretta fra due incontinenze, tra un «eccesso pulsionale» (*Antriebsüberschuss*)[75] e un «profluvio di stimoli»,[76] che esibiscono la scarsità di un corredo organico e l'immagine dell'uomo come essere carente (*Mängelwesen*)[77]. La riduzione istintuale della natura umana interdice l'adattamento immediato e connota una finitezza infinita, un organismo esposto e una contingenza totale. Privato del legame con l'ambiente dalla sua stessa strutturazione vitale l'uomo, mancando della *Umwelt*, si sporge sull'abisso di un'apertura senza rete, destinato all'apertura al mondo, alla *Weltoffenheit,* come al rischio assoluto. L'apertura al mondo non è, come in Scheler o in Plessner, il luogo del ritorno a sé, della riflessività potente, della «ideazione» di una realtà o dell'«in piú di negatività» che segnala la *Sonderstellung*, la «posizione particolare» dell'uomo, nel cosmo o tra le *Stufen*, tra i gradi di complessificazione del vivente. L'apertura è solo l'effetto e la permanenza di una mancanza radicale.

È cosí che l'uomo è costretto all'azione, alla *Handlung*, per la sopravvivenza. La vita, nell'uomo, predispone la vita, la conserva, a condizione che il vivente – segnato dal principio monistico di un agire sempre insaturo e aperto, che Gehlen accoglie da Fichte, ma anche da Schopenauer e Nietzsche – si assuma come compito per se stesso [78]. La descrizione della struttura del vivente ha una connotazione implicitamente normativa: la carenza organica dell'uomo lo costringe all'azione per la sopravvivenza e nell'azione, che è la sua stessa natura o la spinta a rispondere e a reagire ad eventi esterni, consiste il suo obbligo indeterminato [79]. Il problema è di elaborare la mancanza in ricchezza, la carenza in opportunità e possibilità, la «non specializzazione» e la «plasticità delle pulsioni» in serbatoio di risorse per la strutturazione multipla della vita, che l'uomo non può limitarsi a *vivere* ma che ha il compito di *condurre*. «Plasticità... significa: da un ventaglio non ancora operante di possibilità occorre far risaltare, mediante l'autoattività nel maneggio delle cose, una scelta e costruire un variabile ordine di conduzione», una «scelta automediata», perché «l'appropriarsi del mondo è insieme un appropriarsi di se stessi, la presa di posizione verso l'interno». Al tempo stesso, nella costruzione dell'interiorità, non va smarrita la consapevolezza che «il compito posto all'uomo in uno con la costituzione è sempre un compito oggettivo da padroneggiarsi verso l'esterno, quanto anche un compito verso se stesso. L'uomo non vive, bensí *conduce* la sua vita» [80].

Le risposte all'eccesso di stimoli sono non immediate e, dunque, estremamente variabili. L'azione elabora un «equipaggiamento», un'attrezzatura che fa tutt'uno con la sua concreta possibilità. La «tecnica», come acquisizione e uso di strumenti materiali e immateriali, di «mediatori» indispensabili nel rapporto col mondo – il «medium centrale» è il linguaggio –,[81] appartiene all'essenza dell'uomo [82] perché questa è l'azione finalizzata alla sopravvivenza. La natura dell'uomo traduce, cosí, l'eccesso pulsionale in tecniche di alleggerimento e di liberazione, in mezzi di «esonero» dagli oneri, di sottrazione alla pressione del presente immediato [83]. La natura sa far «prendere le distanze»: l'uomo si dà, nell'azione, un tempo di sospensione, si vive nel tempo della «tesa vigilanza».

Condurre la vita, piuttosto che viverla nel qui ed ora, è certamente un lavoro etico: l'etica è, cosí, il prolungamento della vita che, nell'uomo, è compito per se stessa. E questo condurre si radica nella straordinaria plasticità delle pulsioni di un *Mängelwesen*, di un essere carente, nella premessa della povertà dell'organismo umano. Il compito naturalmente dato all'esistenza è la formazione della vita istintuale, affrontato ogni volta dall'educazione e dall'autodisciplina dell'uomo, in condizioni sempre nuove. «La sostanza della formazione si chiama eticità», che è, per questo, una necessità biologica presente solo nell'uomo [84].

La capacità dell'azione, dell'esonero, delle tecniche per la vita – il governo di un adeguato strumentario efficace e orientato allo scopo – si acquista, dunque, con la «disciplina» che penetra la vita [85].

Il problema della disciplina delle pulsioni introduce, nell'antropologia di Gehlen, la difficile combinazione del governo di sé, dell'altro, del mondo, delle circostanze, dei modi di rappresentazione e in generale di coscienza, delle forme del pensare e del sentire, una disciplina affidata a se stessi, ma anche e soprattutto ai poteri che esprimono la stabilità delle opinioni, delle condotte, degli obiettivi in un contesto sociale e in un gruppo. Il tema della disciplina della vita apre, cosí, in Gehlen, un discorso – tanto delicato e difficile quanto, talora, marcatamente conservatore – sul ruolo delle istituzioni, siano esse educative, morali, religiose, giuridiche o statuali, nella selezione degli scopi e dei mezzi, delle abitudini e delle tradizioni, delle rappresentazioni e delle percezioni, e, piú in generale, avvia l'analisi del complesso intreccio tra sistemi pulsionali, opzioni scientifiche, sviluppo tecnologico, forme produttive e istanze istituzionali.

Condurre la vita è, per Gehlen, innanzitutto dominare il mondo, esonerarsi dalla minaccia del profluvio di stimoli, selezionando, memorizzando, simboleggiando, astraendo, anticipando: «nel caos del profluvio di stimoli... solo il gradualissimo padroneggiamento di tale caos per mezzo di movimenti di maneggio e sperimentali fa nascere i compendiosi simboli, con i quali può avviarsi ciò che può chiamarsi conoscenza... l'uomo, che 'già la fame futura rende affamato' (Hobbes, *De homine*, X,3), 'non ha tempo': se non predispone il 'domani', questo domani non conterrà nulla di cui egli possa vivere» [86]. Cosí, il disporre e il predisporre – l'uomo *antivede* e *provvede* (vorsehend) – [87] esprime e *deve* esprimere la natura dell'uomo. Ma questa «libertà» – la libertà d'azione del predisporre – «nasce dall'estraneazione» [88]. Se la necessità dell'azione è anche la necessità della tecnica, questa fa uso della plasticità ma anche del disciplinamento delle pulsioni, produce un controllo garantito, in ultima istanza, non solo e non tanto dai «mediatori» del linguaggio e del concetto, quanto dalla forza delle istituzioni e dello Stato. La natura delinea, cosí, un percorso d'obbligo che va dalla necessità dell'azione alla necessità dell'istituzione, dalla liberazione del singolo al controllo del gruppo.

La pressione del controllo istituzionale per la disciplina delle pulsioni, cui è legata la individuazione del vivente, trova la sua maggiore conferma nel testo del 1956, *Urmensch und Spätkultur*,[89] aspramente commentato da Habermas. Se l'apertura, la *Weltoffenheit*, costringe l'uomo ad agire e ad imparare a padroneggiare se stesso nell'azione, se l'uomo, come voleva Herder – cui Gehlen esplicitamente rinvia per i temi della plasticità e della mediazione linguistica –, è «organizzato per la libertà, 'determinato' per l'autonomia», Gehlen preferisce imputare a una «presunta 'natura' dell'uomo» la necessità «di una repressione, di una società a costituzione autoritaria»: «apparati coercitivi di condizionamento», continua Habermas, «dovrebbero sussumere gli individui a tal punto da far perdere loro la predisposizione e l'inclinazione ad essere soggetti autonomi», laddove l'antropologia in quanto disciplina «filosofica» deve aver cura, anche per sé, di «quell'intreccio di chiusura nell'ambiente e di apertura verso il mondo che ritiene di dover tener fermo in generale» [90].

In *Die Seele im technischen Zeitalten*, e dunque a partire dagli anni Cinquanta, l'«antropologia elementare» di Gehlen si trasforma in una sorta di «filosofia della tecnica», che della tecnica elenca le differenti forme supplettive e accrescitive dell'organismo, spingendosi fino all'analisi dell'autonomizzazione dei processi mediativi, dei loro effetti impositivi o neutralmente esproprianti dell'esperienza del vivente, dal quale pure trovano spinta per la loro elaborazione e per la loro funzione di stabilizzazione.

La tecnica dell'organico – che è un vero «specchio dell'essere umano»[91] – è molto antica, dice Gehlen, ed ha tre principali funzioni, di integrazione, di intensificazione, di agevolazione. La prima rimpiazza gli organi e li integra, la seconda ne potenzia le capacità, la terza assolve a un compito di alleggerimento, di supplenza, di sostituzione [92]. Per questa via, con l'automazione e le nuove tecnologie, si è aperto il tempo della società post-industriale, il «tempo della fine del tempo», segnato dalla «cristallizzazione culturale»[93] o dalla ripetitività passiva di qualsiasi spinta verso una effettiva trasformazione. *Post-histoire* è la nozione, ripresa dalla definizione ottocentesca di Cournot,[94] che Gehlen adotta per segnalare un mutamento epocale.

Il dopo-storia è in atto per un processo di prosciugamento della storia o di «secolarizzazione estrema»,[95] dove il rendersi autonome delle connessioni tra scienza, tecnica e valorizzazione industriale e il prodursi di un anonimato inarrestabile dei processi hanno reso il «progresso una *routine*», cosí da assicurarsi «un tempo indefinito» e da convincere che «l'eternità sarà il sentire dell'umanità del secolo venturo» [96]. Nulla può mutare nel mutamento, se sottratto all'agire dell'uomo, il quale, tuttavia, non può impedirsi un «posto nel mondo».

Il «disagio della tecnica», conseguente alla costituzione di «una sovrastruttura automatizzata» – il legame di scienza, tecnica e industria – e del tutto «indifferente in senso etico»,[97] investe l'intero pianeta e induce una trasformazione culturale, nel pensare e nel sentire, di portata irreversibile. Il mondo tecnicizzato ha consumato ogni «riserva invariante di usi e consuetudini, di istituzioni, simboli, ideali e 'immobili culturali'»[98] che possa ancora garantire sicurezza all'uomo, esposto cosí ad effetti sradicanti e ad un umanitarismo-eudemonismo onnivoro, astratto, promosso a morale dominante. Il declino di un *ethos* dello Stato – effetto di un passaggio da istituzioni «forti» a istituzioni «deboli» – si accompagna a una diffusione e un accreditamento crescente dell'*ethos* della famiglia, dell'amore, della fratellanza, della privatizzazione del benessere e degli interessi, che non pretende nulla, che è pronto ad accettare le cose e gli uomini cosí come sono: una «ipertrofia morale» compatibile con il livellamento e l'eudemonismo dei valori di massa. La teoria delle istituzioni non è piú in grado di dare stabilità e orientamento all'agire, nel tempo post-storico, secondo la diagnosi di *Moral und Hypermoral. Eine pluralistische Ethik* del 1969 [99]. In presenza di una crisi dei «supremi sistemi di guida» – le assicurazioni istituzionali di *Der Mensch* – nasce il progetto di un'etica, non implicita né assimilata al puro compito del condurre la vita disciplinando l'eccesso pulsionale. La nuova etica, che introduce nel discorso di Gehlen spunti contraddittori e al tempo stesso innovativi, obbliga a compensare l'eccesso esonerante delle «superstrutture». Nel quadro complessivo di un invito all'«abbandono», non lontano, per certi aspetti, dalla *Gelassenheit* heideggeriana,[100] Gehlen individua le uniche, rare e singolari, resistenze all'impoverimento dell'esperienza, alla sottrazione della realtà e dell'azione, nelle forme di un *ethos* «ascetico», di una morale che prescrive la doppia riduzione dell'impulso conoscitivo – la volontà di dominio e di sfruttamento della natura – e dell'impulso al consumo [101]. Lo scopo degli *ideali ascetici* è la riappropriazione della sovranità dell'agire individuale e della capacità di mediazione attiva del singolo contro lo schiacciamento anonimo e indifferente del sistema delle superstrutture.

La «fondazione di un'arte pura che dà leggi a se stessa con chiarezza di coscienza e di pensiero» è l'esperienza dell'arte[102] inaugurata dal cubismo, radicalmente anti-borghese e anti-naturalistica, un'esperienza che Gehlen chiama «*peinture conceptuelle*», espressione di Apollinaire ripresa da Kahnweiler, critico e mercante dei cubisti. La *peinture conceptuelle* è figura della post-storia, piú che sua determinazione storica e, aggiunge Gehlen, si può dire, con uno sguardo al neo-kantismo, che, con questa figura, «l'intera esperienza del mondo esterno scaturisce da costruzioni della coscienza umana ed è perciò sotto questo aspetto soggettivo, non naturalmente nel senso dell'arbitrio privato, bensí in quello di una universalità conforme a leggi nella quale tutti gli uomini concordano». Ed è essenziale che «la svolta in direzione della soggettività... ottiene qui un fondamento *filosofico*, a partire dal quale ora è possibile determinare, in maniera fondamentale e decisamente nuova, il compito dell'arte» [103]. Nei *Zeit-Bilder* del 1960, dunque, Gehlen introduce, a monte della formulazione della nuova etica, la funzione dell'esperienza artistica come luogo di un dar forma, rilanciando la nozione di «soggettività» che lavora, come per le avanguardie del Novecento, sui linguaggi e sui sistemi culturali di riferimento, sui «mediatori». Un lavoro, quello dell'arte, che governa l'interno e l'esterno, che connota l'agire dell'«essere carente» come distanziamento e risposta innovativa. La produzione artistica non è adeguamento pragmatico dei mezzi ai fini, ma certamente, e piú incisivamente nel tempo post-storico, è azione per la vita, sottrazione critica e privilegiato luogo del *novum*. Il tema dell'operare dell'arte motiva il giudizio di chi vede nella fase matura dell'antropologia di Gehlen la tendenza ad un «aristocraticismo estetizzante» insofferente all'avvento dell'epoca della masse,[104] ma esprime anche il tentativo di riattivare l'elemento della critica per via dell'immaginazione, come pure suggeriva il confronto con Adorno [105].

L'«antropologia elementare» sembra, nelle conclusioni, inaspettatamente lasciare alla domanda sull'uomo un doppio problema: l'esame di processi reali, complessi e irriducibili al compimento di costanti antropologiche e l'ipotesi di costruzione di una nuova soggettività che sappia attivare un potere di resistenza all'invasività delle strutture occupanti. Le questioni aperte risultano forse compensazioni, anche incoerenti, di un impianto argomentativo e programmatico largamente conservatore.

4. Gli effetti dell'antropologia filosofica moderna accompagnano, in positivo e in negativo, il dibattito novecentesco – e quello ancora in corso – sulle articolazioni possibili delle nozioni di vita con quelle di cultura, di storia, di politica, aprendo una complessità semantica per la quale, di volta in volta, differenti intrecci tematici e configurazioni concettuali complesse mostrano compatibilità o divergenza.

Non c'è dubbio che le immagini gehleriane del *Mängelwesen* (essere carente) e dello *Zuchtwesen* (essere disciplinato) sono destinate ad attivare i due grandi poli della discussione contemporanea sull'uomo, quello dell'«apertura» del vivente in quanto esistenza e quello della vita come luogo di produzione oltre se stessa. L'*aperto* e la *disciplina del sé* restano due punti teorici che mobilitano, ciascuno al proprio interno, un sorta di raddoppiamento concettuale – l'aperto e il chiuso, la vita nuda e la vita formata – intorno a cui va ancora producendosi, oggi, tutta l'ampiezza di senso della biopolitica e del bio-potere.

L'avvertimento heideggeriano di estenuare l'antropologismo e di legare l'essenza dell'*esserci,* piuttosto che ai contenuti e alle costanti dei saperi del vivente, al suo disporsi nell'*apertura dell'essere*, al suo *lasciar essere l'essere*, al suo avere cura di una finitezza, intesa non come «impotenza a fissare il suo significato», ma come «potenza di lasciarlo aperto», sembra sfiorare, per certi aspetti, la ricerca «antropogenetica», quando questa ritrova nell'elemento della plasticità delle pulsioni e nel conseguente concetto di *Weltoffenheit* il suo momento fondativo. Ma il problema dell'uomo, impostato in modo non antropologico, deve incontrare, dice Heidegger, quel carattere «eccentrico» adatto, piú che a disporlo fra le classi dei viventi, a porlo nella totalità dell'ente. Non si può, per questo, investigare empiricamente l'uomo come oggetto dato, né progettarlo con un'antropologia. Ricondurre l'uomo alla totalità dell'essente significa rendergli manifesta «la *nullità* del suo esserci», che è stimolo a comprendere il compito del filosofo, cioé l'obbligo di «risospingere, in una certa misura, l'uomo nell'asprezza del suo destino» [106].

Tuttavia la definizione del confine fra l'animale e l'uomo, la loro separatezza e la loro prossimità coinvolgono l'«aperto» heideggeriano e attraversano la complessa questione della co-appartenenza della chiusura animale e dell'apertura umana, dell'indisvelatezza e della disvelatezza, della latenza e dell'illatenza, dell'indischiudibile e del portare alla luce[107]. Un legame che mette in gioco la soglia mobile, per il vivente uomo, tra l'*essere semplicemente vita* e il *divenire vita*, tra la semplicità animale, la *zoé*, e il farsi «piú vita», l'essere *bios* nella mediazione vivente della città, richiamando la vita stessa al compito di scegliere tra il conservarsi o il *darsi forma*.

Nella nostra cultura l'uomo è stato sempre il risultato di un'articolazione definita dell'animale e dell'umano, o, peggio, di una loro drammatica divisione. L'avere mancato di considerare la vita umana come un *farsi vita*, e per questo certamente legata alla propria animalità ma ad essa irriducibile, ha legittimato per l'*homo sacer* – l'uomo sacro e sacrificato come puro vivente ai margini del *nomos* – il «bando» dalla città,[108] l'espulsione sovrana della nuda vita e la disposizione del controllo e della conservazione del vivente, fino al paradossale rovesciamento delle macchine di protezione, del singolo o della specie, dell'esistenza individuale o gruppale, in una macchina di morte[109].

Non c'è dubbio che la dinamica delle coppie categoriali dell'aperto e del chiuso, della vita immediata e della vita riflessa, resta profondamente legata – nel senso di esserne condizionante e condizionata – alla terza coppia categoriale, quella della vita e del potere. Il senso attribuito alle nozioni di vita e di potere, oltre che al loro compenetrarsi, è destinato a rimanere, anche nelle prospettive post-antropologiche, il cuore della domanda sull'uomo, se è vero che «l'uomo post-storico» – per il quale «il conflitto politico decisivo, che governa ogni altro conflitto», è quello «fra l'animalità e l'umanità dell'uomo» – «non custodisce piú la propria animalità», ma cerca solo di «governarla e prenderla in carico attraverso la tecnica»[110].

È proprio il valore dello scarto tra l'*essere vita* e il *divenire vita* che resta sostanzialmente inindagato dalle riflessioni antropologiche moderne e che può dar ragione a chi ne segnala il fallimento nella condivisione di una duplicazione solo apparente dell'empirico e del trascendentale, rimasti sostanzialmente confusi e sovrapposti. La separazione, la scomposizione, la indecisione tra l'empirico e il trascendentale, volute da Kant e dopo di lui tradite, intendono segnalare una dislocazione e un intervallo tra il fatto e la critica, tra la ricognizione reale e la distanza dell'incolmabile, tra ciò che è e quanto, pur assegnandogli senso, lo eccede.

La duplicazione apparente dei piani della ricerca, nell'antropologia filosofica dopo Kant, riconduce il principio al suo fondo naturale, la teoria all'effetto di una ricognizione di tutto quanto *già é*, elaborata perché destinata a confermarlo. La ricerca delle costanti umane fondamentali, mentre crede di riprendere e far valere la mobilità della vita, fissa le radici dell'uomo nella scala degli esseri, nelle identità di natura e nelle identità di cultura, nelle forme plurali di vita della specie e della storia, condividendo un metodo ricompositivo e conservativo, e occultando un'operazione di massima astrazione nella ricerca di una «verità della verità»[111].

L'empiricità dell'antropologia, per il kantismo, non può fondarsi su se stessa e per questo l'antropologia «è possibile solo a titolo di *ripetizione* della Critica»[112]. Se essa nasce nel vuoto lasciato dalla morte di Dio, la natura empirica dell'uomo dice il *limite*, laddove la natura dei corpi fisici dice la *sintesi* [113]. Un doppio uso della critica nasce con Kant, oltre che nel commento all'Illuminismo, a proposito delle analisi antropologiche, se qui il cuore del pensiero kantiano conserva una «simmetria dissimmetrica», quella della presenza, insieme, dell'analisi della sintesi e dell'analisi del limite. Una dissimmetria che affianca alla determinazione della funzione sintetica la domanda costante su come «pensare, analizzare, giustificare, fondare la finitudine, in una riflessione che non passi per una ontologia dell'infinito», fino a poter dire che «il movimento critico», in tutta l'ampiezza dell'eredità kantiana, «è *liberato* dalla struttura antropologica» [114]. L'illusione delle antropologie filosofiche dopo Kant sta nell'aver frainteso il pur ambiguo termine «naturale»: questo, dimenticato «come forma fondamentale del rapporto all'oggetto», è stato «recuperato come 'natura' della natura umana» [115]. Non ancora sottratta alla «soggettività come tesi fondamentale e punto di partenza della sua riflessione» la filosofia si è vincolata alla *menschliches Wesen* come a una sua «verità estenuata», quella dell'origine, dell'autentico, dell'attività fondatrice, tornando alle riflessioni empiriche private della critica [116].

Se l'impresa critica incrocia le concrete singolarità e la storia e se un pensiero della finitudine nasce da un doppio assassinio, quello di Dio e quello dell'uomo, l'istanza kantiana è affidata a chi si fa erede, insieme, dei Greci e dell'Illuminismo, capace di interrogare, cioè, l'essere e le forme del nostro sapere. Il pensiero di Nietzsche ne è il *monstruum*. «La traiettoria della questione: *Was ist der Mensch?* nel campo della filosofia trova il suo compimento nella risposta che la rifiuta e la disarma: *der Uebermensch* »[117]. In questo vincolo ereditario tra il kantismo e il niccismo va precisandosi l'avvio di una possibile desoggettivazione del trascendentale.

Capitolo quarto

Il dar forma

1. L'ingiunzione a non superare in una duplicazione apparente il taglio operato da Kant tra l'empirico e il trascendentale resta il merito del neo-kantismo, se questo richiama alla centralità di una riflessione sul *teorico*, diversamente «rimasta muta» [1]. Richiamare un primato del teorico, muovendo dal *fatto* del linguaggio per porne il problema delle condizioni di possibilità,[2] è il nocciolo del *Saggio sull'uomo* di Ernst Cassirer, che nel 1944 espone un compendio della ben piú complessa «filosofia delle forme simboliche» elaborata a partire dagli anni Venti.

Il lavoro di Cassirer, che afferma con Kant il primato della funzione rispetto all'oggetto e la distanza tra il trascendentale e l'empirico, prova a rispondere essenzialmente, nel contesto delle ricerche antropologiche, ad una doppia domanda, quella sul significato della nozione di vita e quella sul ruolo della filosofia [3].

Ogni vivente è «una monade che ha un suo mondo perché vive una propria, specifica esperienza», e in questo «la vita è perfetta ovunque», aveva detto Uexküll [4]. Ma il *circolo funzionale* dell'animale, il nesso tra il sistema ricettivo e quello reattivo, è interrotto, nell'uomo, da un terzo sistema, il *sistema simbolico* [5]. Il «medio» di Gehlen, il linguaggio, è offerto alla critica come un suo luogo privilegiato di analisi e, in quanto «formazione simbolica», sembra dilatarsi fino a coprire l'intero spettro della esprimibilità della vita. Questa è intrinsecamente cultura, cosí come la cultura è il darsi forma della vita.

L'uomo «non può *vivere* la sua vita senza *esprimere* la sua vita. I vari modi di questa espressione costituiscono una sfera nuova»,[6] la sfera delle *formazioni simboliche*, dove il linguaggio non ha una funzione «riproduttiva» ma «produttiva e costruttiva» e dove la formazione non ha tanto valore in quanto «opera» ma in quanto «energia» [7]. Dire, in polemica con le differenti versioni dell'antropologia filosofica, che non è la natura fisica o metafisica l'essenza dell'uomo, ma la sua opera, significa, per Cassirer, riconoscere nell'operare la centralità della forza, la potenza della funzione, perché condizione di possibilità del produrre. «La filosofia delle forme simboliche parte dal presupposto che se si vuol dare una definizione della natura o 'essenza' dell'uomo, una tale definizione deve avere un carattere funzionale e non sostanziale. Non si può definire l'uomo riferendosi a qualche principio intrinseco che ne costituisca metafisicamente l'essenza né a qualche facoltà innata o a qualche istinto individuabile mediante l'osservazione empirica. La principale caratteristica dell'uomo, ciò che lo distingue, non è la sua natura fisica o metafisica bensí la sua opera. È questa opera, è il sistema delle attività umane a definire e a determinare la sfera dell''umanità'... Il linguaggio, l'arte, il mito e la religione non sono creazioni isolate e casuali. Sono unite da un comune vincolo», che è un «*vinculum functionale*» [8].

Il linguaggio non può essere inteso come «forma astratta del pensiero», ma come «forma concreta di vita», perché «va spiegato non tanto in base agli oggetti, quanto in base alla diversità della 'disposizione interpretativa'», indicativa non di una «soggettività astratta» ma di una «soggettività concreta» che ci suggerisce, attraverso il *simbolo*, il passaggio da una «forma di pensiero» a una «forma di vita» [9]. Dar forma è, dunque, simboleggiare o dar senso a un'immagine.

«Considerati sotto questo punto di vista, il mito, l'arte e cosí il linguaggio e la conoscenza, divengono simboli: non già nel senso che essi designino sotto forma di immagine, di allegoria che allude e che spiega, una realtà precedentemente data, bensí nel senso che ciascuna di queste forme crea e fa emergere da se stessa un suo proprio mondo di significato» [10]. Per l'*animal symbolicum* [11] è, allora, un'astrazione artificiosa staccare il «mondo della vita» dal «mondo della forma», se la vita «deve necessariamente darsi forma»: «solo in questa 'alterità' della forma» la vita acquista «realtà» e «conoscibilità» [12].

La filosofia delle forme simboliche trova il suo problema nella totalità delle forme espressive, che non sono copie dell'essere o riproduzioni, ma «direzioni e modi dell'attività formatrice». Per questo la simbolizzazione non è uno strumento intermedio tra un essere carente e un profluvio di stimoli, non è una tecnica che esonera per farsi garante dell'acquisizione stabile di modi dell'agire pratico, non è organo di «dominio», ma potere di «significazione» [13]. Le formazioni simboliche esprimono gli *indici di rifrazione* dell'essere e della vita. La filosofia delle forme simboliche non è altro «che il tentativo di far risultare... per ognuna di esse il determinato indice di rifrazione... la natura particolare dei diversi mezzi rifrangenti; vuole cogliere ognuno di essi nel carattere e nelle leggi della sua struttura», collocandosi consapevolmente in questa «regione intermedia» [14].

È la espressività stessa della vita, non le sue tecniche di protezione, ad offrire alla riflessione un campo allargato del dar forma e ad impegnare il lavoro filosofico in direzione di una duplicazione della teoria, verso la descrizione e la legittimazione del campo applicativo del «formare» e verso un «sapere del sapere» o un'autoconsapevolezza dell'essere presso di sé mentre si è volti ad altro, che lascia slittare il neo-kantismo in una descrizione filosofica dell'esperienza, piú vicina alla fenomenologia hegeliana che a Kant.

2. In ogni sguardo al mondo, dice Cassirer richiamando Goethe, è in atto una teoresi. Il significato della teoria non può limitarsi alla conoscenza scientifica, ma va cercato ovunque operi un'attività formatrice [15]. La filosofia delle forme simboliche ha oltrepassato, nel contenuto e nel metodo, la problematica dell'oggettività nella forma della scienza esatta: «ha allargato lo stesso concetto fondamentale di *teoria*», indicando elementi formali, non riducibili alle leggi del conoscere empirico, in ogni campo dell'esperienza che «presenta una forma strutturale... peculiare e indipendente»[16] e dunque in ogni direzione della *comprensione del mondo*. Comprendere il mondo non è un semplice accoglierlo, non è un ripetere, ma un produrre una struttura di realtà. Attenta alla totalità del mondo e all'«intima diversità delle sue manifestazioni» la «questione trascendentale» assume un senso piú generale [17]. Da gnoseologismo e legittimazione validante dei concetti scientifici fondamentali diviene effettiva *Formenlehre*, critica della cultura e dottrina delle forme dell'esperienza complessiva del mondo.

Cosí la «sovrastruttura» della scienza va compresa, nel quadro di una nozione allargata di «verità» e di «oggettività», insieme alla «sottostruttura» del mondo sensibile, intuitivo, preconcettuale, capace di fare del sapere quella *synthesis speciosa* che Kant voleva per la immaginazione produttiva [18]. La funzione simbolica intreccia, in un dosaggio anche complesso, i tre elementi dell'espressione (*Ausdruck*), della rappresentazione (*Darstellung*), del significato (*Bedeutung*), secondo un crescere o un rarefarsi della pregnanza dell'immagine[19]. La stessa funzione linguistica, in senso proprio, radicata nell'espressività, assume, in quanto *medium* preparatorio della significatività del concetto, il carattere della rappresentatività, nel differenziare e nell'articolare, nella «forma e nel nome», «l'infinitamente varia e fluttuante multiformità dell'esperienza espressiva» [20]. E laddove il linguaggio «si appaga della denominazione», la scienza «cerca la determinazione», «laddove quello si ferma al molteplice significato del nome, essa cerca il significato univoco del concetto» [21]. «Il linguaggio si muove nel dominio intermedio tra l'"indeterminato' e l'"infinito', trasforma l'indeterminato in qualcosa di determinato e cosí lo fissa nella cerchia della finitezza determinata» [22]. La strutturazione linguistica esprime, come altre forme di strutturazione simbolica, una «connessione immediata e inconsapevole» piú difficile da penetrare [23].

La singolare medietà del linguaggio, che sembra scorrere dalla funzione espressiva a quella significativa, dalla pregnanza dell'immagine cui il segno linguistico è originariamente assimilato alla sparizione dell'immagine nell'astrazione del concetto, ha lasciato pensare a «una *trasformazione semiotica* della gnoseologia kantiana», dal momento che è nei «diversi 'linguaggi' del mondo di vita» che si trasferisce, per Cassirer, «la spontanea produzione–di–mondo» del soggetto trascendentale, segnando il legame indissolubile, nel *medium* linguistico, tra le forme della rappresentazione razionale e le forme «espressive non discorsive – prelinguistiche o extralinguistiche, ritualizzate e metaforiche» [24].

Il punto di massima denuncia della necessità di allargare, nella riflessione sulla verità, il campo di applicazione della funzione trascendentale, divenuta formazione simbolica, è l'esame della coscienza mitica e il confronto, ampio ed esclusivo, tra *das mythische Denken* e la coscienza empirico–teoretica del mondo.

Due modalità divergenti del formare si aprono all'analisi trascendentale nei due livelli di esperienza della coscienza, quello del sapere mitico e quello del sapere scientifico: due figure della coscienza, direbbe Hegel, che disegnano il percorso fenomenologico del divenire del sapere da immediatezza espressiva ad autocoscienza filosofica. Il mito – si legge nella prefazione a *Das mythische Denken* – si trova in intimo e necessario rapporto con il compito della hegeliana fenomenologia dello spirito, che lega la coscienza sensibile alla scienza «mediante il moto del loro divenire», per il quale entrambe si appartengono secondo la finalità dello spirito che deve farsi consapevole del suo sviluppo: se solo lo «spirito che ha coscienza del suo svilupparsi come spirito è scienza» – è la citazione dalla prefazione alla *Fenomenologia dello Spirito* – il sapere «come è inizialmente, ovvero *lo spirito immediato*, è ciò che è privo di spiritualità, è la *coscienza sensibile*. Per diventare vero e proprio sapere ovvero per produrre l'elemento della scienza, che è lo stesso concetto puro di essa, questo sapere deve penosamente percorrere un lungo cammino» [25]. Ma ciò che è sfuggito ad Hegel è che il cominciamento del divenire della scienza deve attingere uno strato piú profondo, oltre la pura sfera del sensibile verso la sfera della piú radicale immediatezza, quella della «intuizione mitica» [26].

Il «pensiero critico fondamentale» riconosce un'attività formatrice – e dunque «atti di oggettivazione» – «ovunque da un caos di impressioni si formi un cosmo». Questi «strati» di oggettivazione sono anteriori alla coscienza teoretico-oggettiva della nostra esperienza e mutano a seconda della via e dei mezzi del processo di oggettivazione [27]. Pertanto, il contorno dell'«essere oggettivo» si sposta continuamente.

È cosí che è necessario distinguere l'oggettività della coscienza empirico-teoretica da quella della coscienza mitica. Il concetto di oggettività, nella sfera del pensiero empirico-teoretico, poggia su un «atto progressivo di *distinzione* degli elementi d'esperienza... in cui sempre piú l''accidentale' viene distinto dall''essenziale', ciò che è mutevole da ciò che è permanente, ciò che è contingente da ciò che è necessario». Ogni dato particolare è già orientato, costruito e predisposto, perché è già sempre «solo l'occasione per collegare un singolo fatto ad un altro, per riunirlo in serie con altri e inserirlo cosí finalmente in una *legge*». Per questa coscienza le distinzioni, di valore o di conoscenza, sono fissate nel concetto e nel giudizio, e tracciano una linea di decisiva frattura tra il mondo della «verità» e quello dell'«illusione» [28].

La frattura o la «crisi» che connota il sapere empirico e concettuale non appartiene alla coscienza mitica. La «forma di realtà», o l'«elemento oggettivo per eccellenza» del pensiero mitico, presenta al contrario omogeneità e indifferenziazione. L'oggettività dell'elemento di esperienza per la coscienza mitica sta nel vigore, nella pregnanza, nell'intensità della presenza che afferra, nella indistinzione o *concrescenza* di immagine e cosa, concentrando l'apparire nell'unico piano dello straordinario e del sacro [29]. Una sola *antitesi fondamentale* dissocia il mondo mitico in sacro e profano,[30] una antitesi contraddittoriamente ricomposta nella implicita penetrazione della sacralità nell'esistenza empirica e ordinaria, in quel familiare che si fa perturbante, laddove di fronte alla potenza dell'«impressione» sorge la «forza attiva dell''espressione'»[31]. Il senso del «sacro», per il sentimento mitico, non è limitato ad alcuna sfera singola dell'essere e dei valori, ma ciò in cui questo senso si esprime è il complesso della «concrezione immediata» [32]. Il sacro è lo straordinario e l'insolito della fluidità e del confondersi, del convertirsi reciproco delle differenze, in cui si mostra un unico piano dell'essere, che espelle separatezze e gerarchie. È la vita del tutto per cui vale la «legge della partecipazione»[33] e della indistinzione, la pura alternanza dell'uno e dei molti, l'implicita indifferenziazione delle differenze riferite alla continuità della vita [34].

Se l'espressività mitica non è compatibile con distinzioni e connessioni, essa non può non escludere, per il corpo, la pensabilità dell'organico e il sistema delle funzioni corporee – il corporeo è piuttosto l'«anorganico» – [35] e, piú in generale per il movimento, non può non rivedere la nozione di causalità, indicata non come causalità empirica di effetti ma come «metamorfosi» energetica e trasformazione fluente [36]. Cosí come, in coerenza con il prodursi delle differenti forme di oggettivazione ai vari livelli delle formazioni simboliche, differenti forme di soggettivazione appaiono per le funzioni espressive, rappresentative, significative. E soprattutto, per la coscienza mitica, nello scenario della dissipazione partecipativa di un mondo «indifferenziato» e della disorganizzazione della stessa sfera del corporeo o della *anorganicità della vita*, il soggetto sfugge alle categorie della metafisica e della psicologia razionale per sciogliersi nella fluenza del *mana* [37]. «Nessuno degli attributi e delle proprietà che la metafisica suol considerare come caratteri analitici nel concetto di 'anima', né la sua unità, né la sua individualità, né la sua immaterialità, né la sua immortalità, si rivela qui fin da principio e necessariamente legato ad essa» [38]. È la conclusione di *Das mythische Denken* sull'idea di soggetto e sulla esclusione della originarietà della categoria dell'io nell'universo simbolico della *Formenlehre*.

3. Il consumo dell'identità della coscienza e dell'autoriferimento del soggetto avrebbe potuto giungere a compimento, con la filosofia delle forme simboliche, se questa si fosse esposta fino in fondo al contagio delle categorie elaborate dai saperi etno-antropologici, cui attinge per larga parte il discorso sulla struttura simbolica di *Das mythische Denken*. Un ambito di elaborazione concettuale, quello degli studi sull'arcaico dei primi decenni del secolo, debitore, o per altri versi preparatorio, dello strutturalismo [39].

Espressione di una tendenza generale di pensiero, negli anni del *Saggio sull'uomo*, lo strutturalismo non era un fenomeno isolato, nel giudizio di Cassirer, ma una pratica importante in quasi tutti i campi della ricerca scientifica [40]. Con l'uso della nozione di struttura una svolta esemplare segnava la fisica, la biologia, la psicologia, la linguistica, indicando la via dell'analisi del «campo», dell'insieme, della descrizione delle connessioni sincroniche trascurate dall'esame della cronologia degli eventi. I problemi strutturali del linguaggio insegnavano, con Saussure, a distinguere «l'asse della simultaneità», lo stabilizzarsi della *langue*, dall'«asse della successione», il processo temporale e mutevole della *parole* [41].

La stessa nozione di formazione simbolica, «trasformazione semiotica della gnoseologia kantiana», non rimaneva lontana dalle riflessioni sullo strutturalismo come scoperta del *terzo regno del simbolo*, oltre la dissociazione duale del reale e dell'immaginario, del fatto e dell'ideale, dell'empiria e della teoria. La nozione strutturale di simbolo non aspira a cogliere un «fondo di verità» o «un reale com'è» contrapposto ai poteri dell'immaginazione e della finzione, o a replicare un ordine razionale di cui il dato empirico sarebbe il riempimento e l'ininfluente elemento probante. Questo tipo di simbolo si costruisce secondo criteri che traducono il sapere in termini di configurazioni mobili di segni, significanti, eventi singolari, processi imprevedibili, sottratti alla centralità del totale o della coscienza unificante. E allora, l'elemento simbolico di una struttura è un senso che è «necessariamente e unicamente di 'posizione'», dal momento che si installa in un «ordine di prossimità». Il senso è sempre il risultato della «combinazione di elementi che non sono di per sé significanti», ma solo effetti d'insieme. Il valore significativo del simbolo è vincolato alla catena di significanti o al «sistema di singolarità corrispondente a (i)... rapporti che traccia lo spazio della struttura». Alla domanda «che cos'è che coesiste nella struttura?», la risposta è: «Tutti gli elementi, i rapporti e valori di rapporti, tutte le singolarità proprie del campo considerato. Una tale coesistenza non implica alcuna confusione, alcuna indeterminazione: sono rapporti ed elementi differenziali che coesistono in un tutto perfettamente e completamente determinato». Il simbolo, infine, riserva sempre una casella vuota: «L'oggetto = X non si distingue dal suo posto, ma è proprio di questo posto spostarsi continuamente, cosí come è proprio della casella vuota saltare di continuo» [42].

La nozione semiologico-strutturale del simbolo dà conto, dunque, del prodursi della straordinarietà dell'immagine simbolica in riferimento all'istituirsi di un sistema reticolare e differenziale, dove si produce la distanza e l'incontro, il gioco di penetrazione e di dissimetria tra l'unità e la molteplicità, tra la struttura e l'evento, l'ordine e l'invenzione, la stabilità e il movimento. Dà conto della inevitabile dinamica interna di un sapere che non replica né rivela, ma mostra e produce, costruisce valori simbolici nella forma delle costanti ripresentative e dei significati stabili come in quella delle espressioni altamente inventive. La strutturalità del simbolo fonda il rapporto di obliquità e instabilità tra l'immagine e il senso.

Già nel 1910, in un contento di discussione sul tema della «formazione dei concetti», il sapere simbolico è, per Cassirer, «produzione di determinati nessi di relazioni» ed esprime «connessioni sistematiche». Il sapere fisico-matematico è, cosí, riformulato come produzione di reti di connessioni logico-simboliche ed è per questo, a differenza dell'astraente «concetto-genere» della tradizione aristotelica, piú adatto a dar conto dell'ordine dei fenomeni particolari: l'ordine dei rapporti logico-strutturali consente, infatti, di spiegare un campo specifico di eventi per un numero indeterminato di variazioni dei contenuti concreti [43]. *La filosofia delle forme simboliche* propone, appena piú tardi, l'estensione del simbolo ad ogni livello di strutturazione dell'esperienza, dalla scienza al mito, al linguaggio, all'arte, ad ogni specifico «mondo» dell'esistenza storica. Ma è pur vero che l'incontro con il pensiero strutturale non sottrae il neo-kantismo – o, come Cassirer ha amato ridefinire il suo progetto filosofico, la «fenomenologia critica»[44] – al proposito di rilanciare, oltre la ricostruzione delle forme di strutturazione, l'obiettivo proprio della teoria. Non è sufficiente fermarsi alla esplicitazione delle strutture dei processi di simbolizzazione, ma è necessario ritrovare l'unità funzionale dell'intero processo di simbolizzazione e attivare un compito probabilmente infinito [45] ma certamente indicato nell'autoconsapevolezza dell'operare [46]. La filosofia è, come in Hegel, il compimento di una scala del sapere che attende l'autocoscienza assoluta, l'autocomprensione dello spirito nel suo divenire storico.

Lo strutturalismo, nel testo cassireriano, si assimila, cosí, alla tradizione della filosofia della totalità, della forma compiuta, del sistema, di ogni tipo di «olismo» e «organicismo», o, nella versione piú dispersiva, alla tradizione dell'idealismo morfologico di Goethe e di Cuvier,[47] ad un'idea di sapere compatibile con la continuità piú che con il frazionamento e coerente con la fondazione funzionale del soggettivismo trascendentale. Cosí come la pur ricca e multiforme stratigrafia delle formazioni simboliche trovano il loro tessuto di omogeneità e ricomposizione nel modello della *Fenomenologia dello Spirito* di Hegel.

Tra mito, linguaggio, arte, scienza si dispone, nel testo di Cassirer, una dialettica progressiva, per la quale ogni momento spinge il successivo – come dal mito al linguaggio, da questo all'arte e infine alla scienza – a far esperienza di approfondimento dell'autocoscienza produttiva, dal «simbolismo implicito» al «simbolismo esplicito»,[48] fino all'autoriferimento pieno che lascia pensare una rinnovata identità hegeliana di scienza e filosofia [49]. Il «progresso ideale» è là dove «la meta può essere indicata nel fatto che lo spirito non solo *sia* e *viva* nelle sue proprie produzioni, nei simboli da esso stesso creati, ma li *intenda* per ciò che sono». L'autocoscienza, della scienza e della filosofia, conferma ciò che «Hegel ha indicato quale tema dominante della *Fenomenologia dello Spirito*: la meta dello sviluppo consiste in questo, che l'essere spirituale non venga concepito ed espresso semplicemente come *sostanza*, ma 'parimenti come *soggetto*'» [50].

Alla filosofia spetta, dunque, il compito di non dimenticare, di sottrarre all'oblio il potere delle funzioni simboliche.

Ma tra queste, la funzione espressiva – che rammemora, nel pensiero mitico, un altro modo di pensare – richiama la filosofia al pensiero della vita. Perché la «percezione espressiva» coglie, come elemento primario, la «vita in generale», non ancora assimilata a «centri *individuali*». Per essa l'«essere, tanto del corpo che dell'anima, non si è ancora consolidato, ma conserva una speciale 'fluidità'» [51]. Quest'altro pensare non conosce né il «concetto di una 'sostanza dell'anima', né il concetto di una 'sostanza della cosa'» e, forse da questo, il filosofo apprende che ogni realtà non è tanto «la realtà di un determinato *mondo di cose*, che sia di fronte a noi e si contrapponga a noi, quanto piuttosto la certezza di una vivente *attività* che sperimentiamo» [52].

Capitolo quinto

Il corpo: dispersione, simbolica, ibridazione

1. La sfera dell'arcaico e la sovranità espressiva dell'immagine, esibite dalla filosofia delle forme simboliche, accompagnano la via della scomposizione dell'io e del consumo dell'identità soggettiva, aiutano a tracciare quella «morte dell'uomo» a partire dalla quale, dopo Nietzsche, la «filosofia contemporanea può ricominciare a pensare». Solo la fine dell'uomo può farsi promessa di un altro uomo e segnare «il ritorno dell'inizio della filosofia», riaprendo lo spazio del «ripensamento della finitudine» e collocandosi nel vuoto dello «sradicamento dall'Antropologia» come ricerca delle costanti umane e oblio dell'apertura che la rese possibile [1].

La questione dell'«anima primitiva», proposta da Lévy-Bruhl negli anni di elaborazione di *Das mythische Denken*, [2] è esposta all'interno del quadro di una teoria dell'essere come assoluta dispersione, diffusività, eterogeneità pura, segnalando soltanto un esile confine di passaggio da un anonimo movimento vitale al *sentirsi vivere.*

Il «sentimento vivo interno», assimilato all'anima, appartiene a una sorta di realtà pre-soggettiva [3] ed è indubbiamente un sentimento che «dà esistenza» [4]. Se l'avvertimento intenso dell'indeterminabile lascia apparire un mondo – come nel caso della pura espressività simbolica del pensare mitico, secondo il lessico di Cassirer –, un'analoga tonalità emozionale è in grado di produrre quella realtà che non è semplicemente *vita*, ma anche la sua duplicazione, cioè *vita vissuta*. L'anima, per il pensiero «partecipativo», non è altro che una condizione espansiva intensamente vissuta, uno stato multiplo dove non si dissociano esistenza e sentimento, essere e sentirsi essere.

L'avvertimento interno dalla forte tonalità affettiva è, dunque, un *sapersi* che produce la realtà di un *sé*, assolutamente scomposto e diffuso, perché ne mette in atto il trasferimento in un moto senza confini. Il sé, l'esser proprio, l'appartenersi si infiltra in un *fuori* illimitato, dai margini del corporeo, dagli umori e dagli abiti, fin negli stati umbratili, onirici, analogici, in tutto quanto accade per contatto e contiguità, per imitazione, nominazione, rassomiglianza. L'anima è, cosí, solo un inconcluso complesso di «appartenenze». La potenza del sentimento di sé non produce una effettiva «realtà soggettiva», ma dispone la sua immediata eccedenza e diffusione, la sua indistinzione dalla catena dell'essere per la quale si accelerano processi simultanei di singolarizzazione e di permutabilità. Le nozioni di vita, di anima, di persona si assottigliano a «prenozioni» e confermano che ogni rappresentazione, assunta nel significato che ha per il pensiero logico, è solo approssimativa [5]. La pre-nozione non è un concetto, sia pure preliminare o confuso, ma ne è lo spazio di interdizione, perché è ciò che dell'essere è avvertito ed appreso dalla carica deformativa della intensità emozionale.

Il senso del sé, per il pensare arcaico, passa, dunque, per il consumo dell'idea di anima assimilata a un principio soggettivo distinguibile, sia esso di tipo organico, psichico o razionale. La metafisica dell'anima, con le sue attribuzioni dei caratteri di unità, indivisibilità, immaterialità, immortalità,[6] in realtà è complice di ogni altro pensiero del soggetto come polo sintetico di movimento. Essa non riguarda soltanto il dogma dello spirito, autonomo ed eterno per la liberazione dal corpo, ma ogni resistenza alla pura dissipazione di un'energia fluente: questa non può sostare in un potere individuato che si configuri come forza sintetica di un corpo organico. Se l'anima non è lo spirito fuori del corpo, non è neppure il principio vitale del corpo, né la sintesi delle sue funzioni. La espressività della vita, come compenetrazione del materiale e dell'immateriale, del visibile e dell'invisibile, non indica la unità dello spirituale e del corporeo come di due differenti momenti dell'essere, ma solo la loro fusione, l'indifferenza dell'uno e del due, la indistinguibilità degli equivalenti.

Il principio partecipativo della vita ridefinisce il modo di intendere i fenomeni vitali e, fra gli altri, quello del corpo vivente. Il corpo allude a uno spazio *anorganico*, incompatibile con un legame di articolazioni funzionali. L'identità organica è una compiutezza definibile, è ciò che consente una «comoda economia», purché «si tratti di un tutto di cui si sappia, di cui si veda in che modo è composto nelle sue parti» [7]. La possibilità di articolare l'intero risponde alla sua riduzione quantitativa e logica. Il tutto è, cosí, un essere rappresentato e distanziato nell'astrazione di un piano [8]. La concezione concettuale e causale sorregge le funzioni dell'organico e il sistema di un nucleo vitale autocentrato e finalizzato alla propria conservazione. Al contrario, il corpo partecipato, o il *corpo mistico*, è solo un corpo *per altro*, è un vigore espansivo senza determinatezze, senza funzioni e senza periferie. *Pars pro toto* implica partecipazione [9] e ciò vuol dire che la parte del corpo non è questo o quell'organo, questa o quella particella che concorre alla compiutezza di una unità chiusa e prefigurabile, ma è un *minimo* assolutamente permutabile con l'infinito estendersi di una catena di assimilazioni. La nozione di vita coincide, qui, con la definitiva dissoluzione dell'organismo corporeo e suggerisce la impossibilità di associare l'anima, nella valorizzazione del corpo, alla forza che sostiene la vita della specie o alle funzioni di un movimento corporeo dai confini limitati e distinguibili.

Questo spiega perché, anche dove le «funzioni vitali o mentali» di un individuo sono attribuite, dal pensiero arcaico, «a esseri particolari, siti negli individui stessi e preposti ad assolverli», non si possa parlare di anime multipli o di differenti principi vitali che trascorrono, autonomi, nel tessuto resistente ed estraneo dei corpi o dei supporti materiali indifferenti, ma si debba intendere l'essere in atto di «*azioni di presenza*», dell'«atto concreto e attuale» di «piccoli esseri completi» [10]. L'essere completo è la concrescenza di «nucleo» e di «strato»[11] – «un essere completo, cioè concreto», è «dotato di forma corporea, magari anche invisibile, impalpabile, senza consistenza o spessore» – [12], è il *minimo*, «specie di corpo sottilissimo» che è simultaneamente «fluido aereo»,[13] o il *quanto di forza* che è in atto in un sensibile, è un etere sottilissimo, la confusione evanescente di materiale e immateriale che si mostra nella sovranità dell'immagine.

Che le funzioni vitali e mentali legate all'unità organica non costituiscano il nocciolo resistente di una individuazione soggettiva, il centro bio-psichico intorno a cui si produce la persona, è un fatto che trova conferma nella rottura dei margini corporei per via delle «appartenenze». «L'individualità di ciascuno non si limita alla periferia della persona. Le frontiere risultano mal determinate e perfino variabili» [14]. La propria individualità non è fermata dalla coscienza né circoscritta dalla superficie del corpo. «Fanno corpo» ciò che sul corpo «cresce», «tutto quello che ne esce, secrezione, escrementi» e tutti gli oggetti in relazione «intima», le «impronte», le «tracce dei passi»[15] e, ancora, i «resti»[16] di ciò che si consuma, si tocca, si contagia. E infine l'«ombra» e l'«immagine» [17]. In tal senso le «*appartenenze*» sono impropriamente ritenute una «*estensione*» dell'individualità e della persona [18]. Se ciascun elemento della catena non ha un inizio e una fine, se non è centro né periferia, se non è riferibile a una qualsivoglia persistenza che ecceda la pura «azione di presenza», la persona è solo il momentaneo trascorrere delle immagini. Sicché «l'espressione 'estensione della personalità' non è forse del tutto esatta. Le appartenenze potrebbero dirsi, a buon diritto, una estensione della personalità, se quest'ultima non le comprendesse immediatamente», se, cioè, la «rappresentazione dell'Io», muovendo da un «centro originario», «si estendesse successivamente ad esse in via secondaria» [19]. La partecipazione delle appartenenze non è «trasposizione», ma identità originaria e immediata ed è l'identità delle appartenenze che dilata la personalità oltre ogni confine: al confronto, nel nostro modo di intenderla, la «personalità sembra aver subíto una 'riduzione', una specie di raccorciamento» [20].

La *dualità* e il *doppio* sono, dunque, nozioni lontane dai dualismi dello spirito e della materia, del soggetto e dell'oggetto, perché indicano solo l'*ubiquità* e la *bipresenza* nel trascinamento dei permutabili[21]. Nell'identità energetica del pensiero partecipativo il doppio è l'originale, il duplice è l'identico, l'altro è il ritorno dell'uguale.

L'esistenza duale o multipla dell'«anima primitiva» è, cosí, omogenea e speculare al mondo come *turbillon mystique* [22] ed è la replica di uno scenario senza pause e senza posizioni, dove il sé mostra la figura della sua esteriorizzazione. L'anima resta una larga metafora per indicare la vibrazione di un sentirsi vivere, sostanzialmente replicante un piú ampio turbinio della vita.

Ma col prevalere del tempo dell'agire, o con il declino del movimento puro, quando la partecipazione non è piú intensamente sentita, ma va consumandosi – è il tempo, per Lévy-Bruhl, del supporto narrativo, mitologico, rituale, linguistico, simbolico in senso proprio – [23], si fa presente un'anima non piú impersonale e dissipata, ma una sorta di anima sociale, che acquista determinazione, posizione, funzione, ruolo per la sovrana vita del gruppo [24]. Nasce l'identità dell'anima e con essa la sua *leggenda* [25]. La «leggenda dell'anima» assimila il singolo all'anima del gruppo, esprime l'immedesimazione non piú alla continuità della vita, ma alla vita ritagliata nell'unità della «parentela specifica» e dell' «essenza partecipata» [26]. È il distacco dalla vera vita, la sua povertà e il suo indebolimento,[27] dove il singolare è rappreso e catturato, consegnato alla contrazione acquietata e celebrata dell'insieme sociale. Per il pensiero partecipativo la leggenda dell'anima – che dall'etimo *legein* assume il significato del «dire» e del «raccogliere» – annuncia, cosí, quel pensiero metafisico del soggettivo che ne impedisce la dispersione pura e che segna l'emergenza di una crisi e uno stato di decadenza.

2. L'esame della realtà del soggetto che privilegia, come in Lévy–Bruhl, la nozione dell'anima condivide, secondo Marcel Mauss, i limiti dello psicologismo e del mentalismo [28] ed è lontano dalle ipotesi di un'«antropologia completa» per la quale solo un complesso intreccio di saperi assume una portata di carattere filosofico [29].

La sollecitazione di Mauss ad interrogare la «causa» della «leggenda dell'anima» [30] certamente rinvia a un ripensamento delle sue origini sociali, ma anche e soprattutto a una diversa considerazione della simbolizzazione, della nominazione e del linguaggio. Il nome, il simbolo, il culto, il mito non sono, come per il pensiero partecipativo, una caduta e un indebolimento allarmante dell'essere e del pensare, ma, al contrario, le condizioni del mostrarsi di un sé e di un mondo. La realtà soggettiva non ha, dunque, esistenza in un *interno sentirsi* ma solo nell'intermedio del simbolo e nel passaggio della leggenda. La leggenda dell'anima attiene, per Mauss, alle forme delle identità soggettive, allude a un processo di sintesi e di stabilità in atto, ma costituisce anche lo spazio di riferimento, di incastro e di sostegno che rende possibile l'inventività e la dissipazione di un soggetto concreto. La leggenda è il prodursi stesso del simbolico e dunque è, secondo una compiuta semiologia del simbolo, un processo simultaneo di identificazione e dissipazione, di congiunzione e di disgiunzione. In riferimento a questa simbolica la singolarità non sfugge a una costitutiva ambivalenza.

Il «senso dell'*io*» è il «senso del proprio corpo» e insieme della «propria individualità spirituale e materiale», attraversato, com'è inevitabile, dalle rappresentazioni e dai concetti «che gli uomini delle varie epoche se ne sono fatti». Per questo il *sentirsi* è profondamente contagiato dal conoscersi e dal rappresentarsi. L'avvertimento di un sentimento proprio è un sapere complesso e prezioso che «si forma, agisce, decade e si decompone» [31].

La categoria dell'«io», come «forma fondamentale del pensiero e dell'azione»,[32] ad esempio, è solo uno dei modi, se non il compimento, che è giunto fino a noi, di un movimento di fissazione del processo di «mascheramento» che accompagna la nascita della singolarità concreta e dell'esistenza soggettiva. Il soggetto trascendentale, l'io della «ragion pura», «condizione della coscienza e della scienza»,[33] è l'ultima delle forme storiche di rappresentazione del soggettivo, un modo di pensare il soggetto che ne è anche il suo «culto» e la sua «aberrazione» [34]. La simbolizzazione agita, in realtà, nel soggettivo il subbuglio di una permanente «immensa mascherata»,[35] una straordinaria riserva di senso, di mobilità, di densità.

Il tema della maschera è introdotto da Mauss per segnalare l'emergere dell'«individuo» dalla fusione con il clan: il cerimoniale del mascheramento impedisce la immedesimazione del singolo nel gruppo e ne determina il distacco, perché la maschera è l'effigie, l'immagine, che assegna al singolo un posto e una individuazione, che gli conferisce «il titolo, il rango, il ruolo, la proprietà», come «nomi, titoli, diritti, funzioni» [36]. La maschera allude, nell'articolazione dell'intero, a una identità, ne è strumento complementare e complice, ma si impone anche come elemento fondativo del suo frazionamento e della sua dissoluzione. Nel mascheramento è in gioco una molteplicità, simultanea o in successione, di ruoli, nomi, funzioni, ma è anche in gioco la potenza del loro annullamento. L'«immensa mascherata», nel testo di Mauss, parla della coesistenza di due serie nella nominazione e nelle maschere che vi corrispondono, una serie «corrente» e una serie «nascosta», cosí come di maschere doppie o triple che rivelano «due o tre esseri personificati dal portatore della maschera» [37]. Parla della variazione minuta, esposta nelle maschere, delle «nature», degli «attributi» e delle «potenze» del sé,[38] del turbinio delle «estasi» e delle «possessioni», delle rappresentazioni estatiche del sé,[39] della differenza di grado tra la maschera e la piú effimera variazione del corpo,[40] dal momento che ogni maschera è un modo di uscire da ciò che già si *è* per *essere altro* e immettersi nel trascinamento delle posizioni o delle «differenze di potenziale» [41]. Il processo aperto di simbolizzazione, l'oscillazione tra il codice e la rottura, l'acquisito e l'inventato, assume, qui, la figura della maschera che concilia il bisogno del travestimento e quello dell'incognito, dove il primo intende sostituire ad un'identità un'altra identità, il secondo aspira semplicemente ad annullarla. La maschera ha sempre a che fare con l'ordine, non importa se per esibirlo o per annullarlo [42].

Il processo di mascheramento ci introduce, con il suo potenziale di stabilità e di dissoluzione, non solo nella complessità della realtà soggettiva, ma piú radicalmente, nel cuore di una larga simbolica del corpo.

Per *Les Techniques du corps*, del 1934, il corpo non si limita ad esprimere una simbolica propria, ma concentra in sé l'intera «simbolica dello spirito» [43]. Il corpo è, infatti, l'inscrizione di una stratificazione multipla, seriale, dinamica, è un montaggio linguistico di carattere fisiologico, psicologico, sociologico [44]. Il movimento semiologico decifrabile nel corpo descrive, come per l'ambivalenza del *mana* [45] e della maschera, un'ambivalenza costitutiva della singolarità concreta ed è in grado di costruire un soggetto insieme derivato ed autonomo. La strutturazione dinamica dell'uno e dei molti, dell'identità e della dispersione, dell'ordine e del disordine, dell'acquisito e dell'inventato, dà conto dell'intera gamma dell'*arte del movimento vivente*. Quest'arte è la tecnica del corpo.

La nozione di tecnica indica, in primo luogo, la procedura strumentale che collega mezzi a fini fisici e meccanici e, nel caso delle tecniche del corpo, queste segnalano gli schemi motori capaci di orientare il conseguimento di scopi empirici e determinati per via di movimenti, gesti, articolazioni del corpo proprio. L'origine sociale delle regole del movimento tecnico ne definisce il carattere semiologico-simbolico e ne affida la produzione e l'apprendimento a una pratica collettiva. Dunque, le capacità motorie hanno un loro radicamento, una loro derivazione, un loro luogo di nascita, per cosí dire, extra-corporeo. Se la tecnica del corpo può, sotto questo profilo, paragonarsi a uno strumento, essa non ha mai, tuttavia, la consistenza di un sistema autonomo, di un dispositivo esterno, ma è una vera incorporazione di operazioni trasformative[46]. Nel corpo vivente la tecnica diviene *incarnata arte del produrre*, con le complicazioni proprie di un movimento vivente.

Se è vero che l'atto motorio adattativo e pratico, da questa prospettiva, non può rinviare a un sistema istintuale naturalmente predisposto o a un'anima sensibile direzionata, ma ad abitudini e convenienze culturalmente fondate, è pur vero che il concetto di tecnica del corpo si dilata fino a comprendere tutte quelle forme linguistiche e quelle configurazioni segniche momentanee che costituiscono una «grammatica dell'arte» [47]. L'arte, come la tecnica, produce una intricata trama di relazioni segniche, il cui permanente scorrimento introduce l'assoluta indeterminatezza del significato e dispone al suo punto massimo la tensione tra le regole e il caso. L'estetico è, dunque, una modalità della tecnica[48] ed è il luogo della «sovraproduzione», dello «spreco», del «lusso», della effusività del significante [49]. La nozione di tecnica dà conto, perciò, degli schemi motori elementari come della imprevedibilità del movimento artistico ed è in grado di indicare una simbolica del corpo che introduce nel movimento della vita il codice forte e il codice debole, una solida sintassi logica e una evanescente grammatica dell'arte.

Il corpo si fa, in quanto semiosi artistica, decorazione e *ornamento*,[50] esibizione di un *travestimento momentaneo*, adatto a descrivere non piú l'abilità, ma la fugacità e la liquidità di un soggetto concreto incarnato, spinto al confine del significante supremo come «valore simbolico zero». Lo slittamento segnico del movimento artistico del corpo ne fa, cosí, un corpo «deformato»,[51] introducendo distanza e contrasto con le abitudini [52].

Il racconto simbolico del corpo narra un'esistenza dai confini elastici ma determinati, parla di un corpo che non rinvia alle sintesi veritative dell'organismo, dell'anima, della coscienza o dell'io, ma che rimane un movimento ritmico e ambivalente, regolato e costante come innovativo e inventivo, situato, immerso, circoscritto nelle sue condizioni storiche e nel suo presente. L'essere situato del corpo è il suo stesso confine e questo confine è anche il *farsi corpo* di tutte le manovre di trasformazione dentro il confronto e il contrasto con i nodi stabili e impositivi [53].

3. Con i saperi etno-antropologici il bisogno di vita trova nuova espressione, dunque, in una speciale simbolica del corpo, dove la vita stessa non si rafforza né si ricompone, ma si frantuma e si disperde, sradicandosi da una continuità genetica di tipo organico o culturale, dalla semplicità naturale del vivente o dall'assorbimento in una forma di mondo, dal biologismo o dal culturalismo, per prospettarsi come *potere di vita*, possibilità di produrre il modo della sua singolarità. Il carattere dispersivo del vitale resterà un effetto permanente nel ripensamento del corpo, lungo le due direzioni di analisi che sembrano aprirsi nel dibattito tuttora in corso e che privilegiano alternativamente i due poli dell'ambivalenza interna alla riduzione semiologica del soggetto, quello del codice e quello dell'evento.

L'intero orizzonte dei saperi del corpo ha concorso a indicare, nelle proposte paradigmatiche e nella costruzione di codici di conoscenza ai quali ricondurre la vita, la complessità, l'irriducibilità, la singolarità del fenomeno vitale. Gli sviluppi della teoria cellulare nel corso del Novecento hanno attivato il circolo della continuità e della discontinuità, tanto da provocare «un rinnovamento», nel giudizio di Canghuilhem, «sul terreno biologico, dell'antico dibattito riguardante i rapporti del continuo e del discreto»[54]. Le forme di concettualizzazione della citologia, dalla fine dell'Ottocento, hanno segnato lo scacco del principio di individuazione, proponendo la divisibilità del vivente e la ridefinizione dell'intero come aggregato momentaneo: l'intero è una configurazione instabile e la parte, la differenza, è un singolo in quanto *dividuo* (non individuo). Il singolare è ciò che resta del divisibile, che pur vivendo del suo legame con l'intero, e di fatto nutrendolo, non è ad esso assimilabile. Configurazione instabile e inassimilabilità del singolo sembrano costituire il binomio su cui si debba innanzitutto discutere a proposito della vita. A questi esiti dei linguaggi biologici non sono estranee le nozioni di corpo, di vita e di volontà di potenza in Nietzsche[55].

In tempi recenti, dopo la rottura, annunciata da Monod,[56] dell'antica alleanza uomo-natura per l'apparizione nel cosmo dell'uomo, ospite inatteso, emerso dal caso, marginale, indifferente, si torna a parlare di una nuova alleanza suggerita dalla nascita di un tempo nuovo[57]. Gli studi sulla termodinamica dei sistemi complessi e sulle «strutture dissipative» hanno lasciato comprendere che i sistemi sottoposti a condizioni di non-equilibrio sono fortemente esposti a condizionamenti esterni, sono rapidamente acquisitivi di nuove proprietà, sono accentuatamente reagenti alle fluttuazioni minime. Tali processi, caratterizzati dalla irreversibilità, pongono in primo piano il problema della centralità della funzione sulla struttura, aprono un movimento di successive strutturazioni e configurazioni innovative, non prescindono dal fattore del mutamento continuo e della storia. Per i sistemi complessi o per le strutture dissipative si può dire che primario e originario è un processo mobilissimo di trasformazione e di innovazione. Si tratta di comprendere, allora, secondo Ilya Prigogine, che è in atto un secondo spostamento nella stessa concettualizzazione del tempo. La termodinamica e l'esame dei processi entropici hanno consentito di opporre alla reversibilità della fisica classica e al tempo-illusione di Einstein l'idea di un tempo-degradazione, di una freccia del tempo orientata al progressivo consumo e impoverimento. Oggi gli studi sui sistemi complessi ci inducono a parlare di un tempo-creazione, di una irreversibilità di tipo innovativo e produttivo che avvicina la natura vivente alla complessità, alla mobilità, alla imprevedibilità dell'evento singolare, cosí come lo studio del cosmo si fa simile all'«ascolto poetico», perché capace di cogliere le variazioni minime e le irrepetibilità dei processi naturali [58]. E va anche detto del progetto di mappatura del genoma umano, impegnato nella ricostruzione singolarizzante del patrimonio genetico, come delle ultime ricerche di neurobiologia che riconoscono all'organo cerebrale una straordinaria plasticità e una trasformazione imprevedibile. Dunque, i saperi della vita descrivono un corpo mutante, contaminato nella sua stessa organicità dalle biotecnologie e da pratiche di montaggio e smontaggio, che definiscono da tempo gli scenari del postumano. Sembra, cosí, insufficiente, se non addirittura rischioso, nell'affrontare i problemi della complessità dell'esistenza, richiamare una ripresa dell'elemento corporeo solo attraverso il filtro delle neuroscienze o delle discussioni del *Mind-Body Problem* [59].

La grande questione della singolarizzazione dell'essere e della vita che attraversa il nostro tempo e che testimonia un complessivo processo di deformazione e scomposizione dell'umano, del sé e del mondo, riappare, all'interno delle analisi dei codici di produzione del soggetto, come l'invito ad accettare la «sparizione del corpo», per accogliere la «eccedenza del *cyborg*». Sono le tesi di Donna J.Haraway, e di una significativa tendenza del pensiero femminile d'oltreoceano, che disegnano i contorni di un nuovo soggetto muovendo dalle esperienze di rinnovamento epistemologico della storia delle scienze [60]. Il nuovo soggetto è cyborg o ibridazione di cibernetico e organico, un *monstruum* dal sentire «indumentale»,[61] che ha portato a compimento il processo di esteriorizzazione del sé, associato alla trama del mondo che l'attraversa. Il soggetto, come l'intero sistema uomo, – nel tempo del post-umano, aperto alla contaminazione del non-umano – [62] occupa una zona indefinibile tra animalità e macchinismo, oltre ogni residuo dualismo tra biosfera e cultura, tra tecnofilia e tecnofobia. Il cyborg non si distingue dalla tessitura dei codici del processo planetario, dalla trama pluricodica che lo produce, non è altro dalla rete dei linguaggi plurimi che lo costruiscono e lo decostruiscono, dai saperi biotecnologici a quelli psicoanalitici e socio-antropologici, alle tecnologie dell'informazione e della comunicazione, alle teorie immunologiche e cosí via, secondo una prospettiva che non ammette corrispondenze o facili analogie tra codici, ma che ne assume tutto il campo di estrema mobilitazione. La singolarizzazione del cyborg, dice Haraway, può aprire a un suo uso politico e trasgressivo, a condizione che si operi sul piano di una «cartografia personalizzata», di un'analisi dettagliata dei codici di attraversamento, capace, questa, di una pratica di «saperi situati», circostanziati, adatti ad evidenziare, ma anche a sciogliere la mobile simbolica del nuovo soggetto ibridato.

È difficile dire come e perché pensare l'ibridazione ed elogiare la decostruzione possa essere sufficiente a rilanciare il potere della singolarità dell'esistenza e la pratica di una critica al crescente controllo della vita, al suo disciplinamento, se non alla sua distruzione, attraverso saperi e apparati, attraverso formazioni discorsive e non discorsive, se poi la «cartografia personalizzata» non dice come trovare una posizione e una condizione che le garantiscano lo scarto di distanza dai condizionamenti che intende denunciare.

Che la riduzione della vita umana passi, oggi, per la disposizione che ne elaborano le cosiddette «tecnoscienze umane», i linguaggi, cioè, che ne consumano – secondo la «tecnica» – la conoscenza, la progettazione e la trasformazione, è un fatto che si impone a qualsiasi considerazione sul che cosa e sul come della singolarità vivente. Che cosa ne è e ne sarà della vita – non solo della vita umana –, quali possono essere le sue modalità, le sue serie trasformazionali, i suoi tempi e i suoi nessi spaziali, sono questioni decise, non c'è dubbio, dalle tecnoscienze, cioè dai saperi che predispongono paradigmi di ottimizzazione e di applicabilità efficiente, di predisposizione del futuro e del dominio del proprio oggetto. Ma forse un *partage* – una dissociazione o un salto non certo assimilabile a quello tra natura e spirito, come avevano suggerito le riflessioni antropologiche, anche nel Novecento – è possibile riconoscere tra due differenti movimenti della «tecnicizzazione»(inevitabile, questa, se ogni sapere è orientato a una prassi), quel *partage* che segnala due differenti quadri di paradigmi conoscitivi, quelli che rispondono a programmi funzionali alla logica dell'ottimizzazione e del controllo, e altri che fanno uso di programmi sottratti a questa logica perché capaci di riaprire la questione della «costituzione di senso» e del mantenimento del «rumore» cancellato dalla riduzione del messaggio a puro «segnale» di un'informazione che ha già deciso, nel modello assunto, domande e risposte. Un «naturalismo non riduzionistico» deve mettere in problema le nozioni di linguaggio e di prassi oltre alle forme dei loro legami, contrastando la convenienza del messaggio al «segnale» e attraendo le indeterminabili «risorse del rumore» [63]. La riflessione sui codici potrebbe affidare, per questa ipotesi, al movimento della produzione paradigmatica – e forse alla loro scelta – il destino dell'essere corpo e dell'essere concreta esistenza, coinvolgendo nella elaborazione del problema quella riflessività filosofica che, nell'esame dei sistemi di informazione e dei modelli delle tecnoscienze, è chiamata ancora al compito della critica dei sistemi di ragione invocata, nel difficile sforzo di desoggettivazione del trascendentale, dall'archeo-genealogia di Foucault.

Alla discussione, per cosí dire piú strettamente epistemologica, sui saperi del vivente e sui codici del corpo sembra restare sostanzialmente estranea la riflessione sulla eventualità, eccezionalità, indicibilità del corporeo. L'altro lato della tematica semiologica del corpo, la possibilità, nel quadro simbolico, dell'irruzione dell'evento irrepetibile, trova una larga eco nella piú recente filosofia decostruttiva e disseminativa, fin negli esiti piú spinti della stessa tradizione fenomenologica. Il *corpo-carne* di Merleau-Ponty, brandello di corpo, ai confini dell'esprimibile, disfatto ed estraneo ad ogni nozione organica, è ancora oggi richiamato nelle piú sofisticate proposte di riflessione sulla biopolitica esposta al drammatico bivio di una scelta di vita o di morte [64].

Con una radicalità, per certi versi, anche piú spinta si propone – nella tradizione di una filosofia dell'evento – l'idea della «creazione» di mondo come «snaturamento»,[65] la necessità di un passaggio dalla «seconda natura» alla «verità snaturata», associando alla «mondializzazione» – come Nancy ama chiamare la infinita scomposizione di un mondo «creato» – una speciale *ontologia del corpo.* Si tratta di riconoscere la verità dell'essere nella pura presenza del corpo, che, in quanto «spazio *aperto*», ha posto e non lo ha, piuttosto esso *fa posto.* Non ha pieno o vuoto, non ha un dentro e non ha un fuori, né parti, né funzioni, né finalità, non è un «grande animale». Piuttosto è *senza capo* e *senza coda.* È una «pelle variamente piegata, ripiegata, spiegata, moltiplicata, invaginata, egogastrulata, orifiziata, distesa, tirata, tesa, rilassata, eccitata, infiammata, legata, slegata» [66]. È in queste forme e «in mille altre». È il corpo-luogo, perchè è solo e sempre una *esistenza locale* e un *piano di esposizione*, che «può contrarsi, concentrarsi, tendere all'inestensione di un punto, di un centro di sé e, contemporaneamente, distendersi, estendersi, essere attraversato da passaggi, da partizioni». Il corpo è luogo di spaziature, derive, suture, fratture, di "divari geologici e cosmologici", di «strati tettonici immemoriali che si muovono sotto i nostri piedi». Il corpo eccede la stessa simbolica, perchè si contrae nell'essere pura esistenza, «assolutamente e semplicemente» esposizione di una «effrazione di senso» [67]. Ed è, infine, anche il suo essere costantemente invaso dall'«intruso» [68]. *Corpus* è il lemma piú adatto a dire questo corpo ontologico, che del *Corpus Juris* replica l'essere piú «catalogo» che «logos», compilazione, giustapposizione, varietà, mescolanza senza articolazione o continuità,[69] dove la spaziatura e l'estensione *areale* è il ritrarsi da ogni significazione [70]. Il corpo proprio non è certo prodotto «dall'autoproduzione dello spirito e dalla sua riproduzione», ma è «creazione» come «*téchne* dei corpi»: é il corpo *che viene*, «un corpo dato» e, per questo, «moltiplicato, multisessuato, multifigurato, multizonato... inorganico». La creazione «ecotecnica dei corpi» è la «verità del *nostro* mondo» [71]. Che tutto questo sia un dato o un compito non è detto, se l'«ecotecnia» di questo mondo assicura la verità della decostruzione. È vero che l'esistenza è l'insorgenza e la creazione, è l'esteriorità, la molteplicità, l'alterità, l'alterazione. Ma è pur vero che «giustizia» vuol dire «ciò che deve essere *reso*», restituito, rimesso, dato indietro ad ogni esistenza singolare,[72] e che una «differenza di valori» si dà non come «differenza di ricchezza nell'equivalenza generale», ma come «differenza di singolarità». Questo *rendere* al singolare, questo riattribuire valore al *corpus*, la stessa difesa della sua speciale ontologia, costituiscono, forse, non tanto ciò che già è, ma ancora un compito e una lotta, «la lotta tra due infiniti, l'infinito dell'estorsione e l'infinito dell'esposizione» [73].

È possibile, allora, che per l'accadere dell'evento, nel cosmo del *corpus*, nel *cosmos basileus*,[74] il problema teorico, accanto all'analisi dei sistemi di ragione, sia anche quello di riarticolare la vita e il potere, assumendo la vita singolare come luogo di una difficile valorizzazione. Va ripensato il singolare piú che come immediatamente *è*, come e quanto è possibile che *diventi* e che *si produca* da se stesso. Vanno ripensati il suo statuto, la sua consistenza, le sue posizioni, le condizioni della sua resistenza e della sua strategia, la sua capacità di muovere i processi, interni ed esterni. Tutto questo non può prescindere dall'assumere la distinzione tra il vivere e il divenire vita, tra la vita e il potere di darsi forma. Anche questa è stata la lezione di Nietzsche.

Il richiamo a Nietzsche ricorre nelle piú recenti riflessioni sulla «colonizzazione delle coscienze»[75] e sui rischi di una vita «data», fornita a domicilio, o, peggio, ridotta e organicamente semplificata, per essere poi discriminata, emarginata e distrutta[76]. Un ritorno nicciano, questo, che, legando la volontà di vivere alla volontà di potere, associa la vita al problema della disciplina della vita e della padronanza di sé su se stessa[77]. Ricorrono, cosí, in tutta centralità, il tema della vita come *esperimento*, dell'esercizio dell'*ascesi*, della produzione dello *stile*. L'«esperimento» è un «offrirsi all'avventura», diceva *Umano, troppo umano*[78]. Fare della «propria vita stessa un esperimento» è ciò che può chiamarsi la «prova della forza» in cui consiste «la *libertà* dello spirito»[79]. Questa è «padronanza di sè in quanto disciplina del cuore»[80]. L'uomo nicciano *ben riuscito* è capace di lentezza, di prudenza oltre che di orgoglio, perché è capace di sottrarsi all'automatismo e alla repentinità, alla solida abitudine e all'improvvisazione. Le «brevi abitudini» sono l'«inestimabile mezzo per imparare a conoscere *molte* cose e situazioni» e sono la sostanza di una corretta *ascesi*, non diversa dall'esercizio e dalla «ginnastica della volontà»[81]. L'ascesi non mira alla negazione, ma al *rafforzamento*[82]. Farsi capaci di un *di piú di forza* vuol dire, cosí, saper dare «uno stile» e questo è «la semplice calma del dominare, conservandola, la somma pienezza della vita». «L'originario scatenamento della vita» è somma pienezza solo se «domato» da se stessi[83].

Capitolo sesto

Il post-umano e la valorizzazione del singolare

1. Lo *Uebermensch* di Nietzsche è la soglia che apre il vuoto dello «sradicamento» dall'antropologia filosofica moderna e dalla sua speranza di riappropriazione della concreta esistenza umana nell'appiattimento della natura empirica e dei principi. La domanda sull'uomo è, nel tempo del dopo-uomo, rifiutata e disarmata, perché spostata dalla interrogazione sulle costanti alla problematizzazione di quel residuo destrutturato e indefinibile che è l'estrema singolarizzazione del vivente. Scomposta ogni identità biologica o culturale, la questione della vita umana coinvolge non solo le ragioni di una sua dimensione «teratomorfica» o di un suo essere irrimediabilmente diveniente, ma anche la difficile analisi dei processi totali che simultaneamente la producono e la distruggono. E allora la stessa ambivalenza che Nietzsche assegnava alla nozione di vita e di volontà di potenza, divisa tra il bisogno di sopraffazione e quello di liberazione, sembra annunciare il destino ancipite del vivente singolare, sospeso tra l'autoaffermatività e la soppressione, tra il vivere e il morire.

Il bivio del vivente singolare si consuma, cosí, nella doppia semantica che il nesso tra vita e potere produce. La duplicità di senso di questo legame – per il quale la vita *è* potere – dà conto, alternativamente, della distruzione del vivente, quando configura un potere *sulla* vita, e della affermatività valoriale del singolare, quando si fa potere *della* vita [1]. Nel primo caso la vita è luogo di occupazione e il potere è forza o dispositivo di distruzione, nel secondo caso la vita è movimento attivo e il potere è rafforzamento della volontà inventiva, critica e trasformativa della singolarità vivente. La volontà di potenza o la vita come potere si dissocia, cosí, in volontà di *dominio* e volontà di *parvenza*, se è potere di occupazione e di controllo o potere del dar*si* forma, di fare sapendo*si* e di sapere facendo*si*. La volontà di parvenza esprime non tanto la vita *che è* quanto la vita *che diviene*, non la *vita* ma il *divenire vita*. Al contrario, la volontà di dominio sembra dissociare la vita immediata o il suo nucleo biologico, la nuda vita, dalla vita riflessa, dalla vita propriamente umana, non animale, socialmente, culturalmente, politicamente mediata: una dissociazione orientata dal dominio a disporre della prima, la *zoé*, e a riconoscere per sé la seconda, il *bios*. In realtà la volontà di dominio, come la volontà di parvenza, produce sempre una vita riflessa, ma, diversamente dalla volontà di parvenza, fa del vivente singolare l'indice e il riempimento di codici e sistemi di manipolazione, di controllo e di predisposizione. L'idea di una vita immediata, di una vita animale o di una forza puramente energetica, resta, per questa invasività occupante, solo il supporto ideologico, conclamato e ingannevole, che legittima la esclusione e la distruzione, come nei regimi totalitari, o la liberazione illusoria del desiderio illimitato, consumata nel controllo *sensologico*, come negli scenari consumistici del nichilismo contemporaneo [2].

In presenza di una sempre crescente convergenza dei dispositivi di produzione e di dispersione della vita singolare con quelli del suo annichilimento, l'antropologia filosofica, consumate le ambizioni ricompositive, è chiamata a rilanciare la sua proposta reattiva e la sua aspirazione etica, assumendo, nel mondo post-umano, la centralità della problematizzazione del singolare. La critica della modernità, a partire da Nietzsche, ha, infatti, prodotto uno spostamento dalla nozione di *individuo* a quella di *singolare*, spezzando la presunta continuità tra il sé e il comune definita dall'individualità moderna, e proponendo la singolarità come effettiva, e talora altamente inventiva, fonte di valorizzazione, con gli esiti disseminativi e nichilisti dell'ultimo secolo. Una riflessione sul nesso singolarità-valore, tuttavia, pur assegnando al singolare la funzione di nuova fonte di valorizzazione, non può evitare, oggi, di affrontare la questione preliminare della *valorizzazione del singolare.* Che cosa valorizza il singolare perché esso possa dirsi fonte di valorizzazione? qual'è, per cosí dire, il suo regime di valorizzazione? a quali condizioni il singolare, l'irriducibile o l'eccedente può ancora assumere una funzione critica, etica e politica? Con la perdita dell'identità moderna del sé e del comune, questi interrogativi investono, dal un lato, i modi di formazione del sé, il darsi forma della vita, il suo «domarsi» e il suo darsi uno «stile» e, dall'altro, la consistenza di un mondo, i modi di composizione e scomposizione di un luogo di co-esistenza e di co-esposizione, di un campo complesso, disarticolato, stratificato, dentro cui si colloca e su cui sporge il singolare, la vita singolare non *tal qual è* ma quale ogni volta vuole diventare. La questione della singolarizzazione della vita vede, cioè, confrontarsi i grandi temi del sé e del mondo, o del *corpo* e della *storia*, che la genealogia di Nietzsche associava alla complessità degli *inizi.*

Per molti aspetti, le questioni nicciane del corpo e della storia lasciano pensare alle nozioni di «cura» e di «attualità» che occupano gli ultimi scritti di Michel Foucault. La loro ispirazione viene da lontano, dal tempo del kantismo dell'*Introduction à l'Anthropologie* del 1961, ma trova un momento decisivo di preparazione e di elaborazione nel decennio successivo, quando l'analitica del potere e la crisi dell'idea di un «teoria generale» disegnano lo sfondo per le tesi sull'etica e sulla politica degli anni Ottanta.

Convinto, con Nietzsche, che sia la verità ad essere il vero problema politico e che il rinnovamento dell'etica debba passare per una profonda trasformazione del pensiero della storia, della teoria dei processi e della pratica storiografica, Foucault non esita a fare del ricorso alla storia una mossa decisiva e a condividere le tesi genealogiche nicciane, coerenti con i nodi teorici esposti nell'*Archeologia del sapere* del 1971.

Nell'intervista del 1976, che apre la *Microfisica del potere*, si legge: «Bisogna sbarazzarsi del soggetto stesso, giungere cioé ad un'analisi storica che possa render conto della costituzione del soggetto nella trama storica. Ed è questo che chiamerei genealogia, una forma cioé di storia che renda conto della costituzione dei saperi, dei discorsi, dei campi di oggetti, ecc., senza aver bisogno di riferirsi ad un soggetto che sia trascendente rispetto al campo di avvenimenti che ricopre, nella sua identità vuota, lungo la storia» [3]. Un compito che annuncia il radicarsi, da un lato, della nuova analitica del potere, dall'altro, della possibilità critica ed etica di un nuovo soggetto, dentro l'elaborazione di un nuovo modo di fare e pensare la storia.

È una nuova storia che consente di avviare l'analisi del potere per altre vie rispetto a quella tracciata dalla tradizione, di descrivere lo spostamento dalla concezione del potere come forza repressiva o d'interdizione a quella di un potere produttivo, che amministra, che opera e sollecita piuttosto che obbligare e distruggere, che, invisibile e anonimo, s'infiltra nelle vite e le attraversa. Solo un'indagine genealogica è in grado di non dissociare il soggetto moderno dalle tecnologie politiche del corpo e dall'insieme delle forme di sapere e di potere che lo producono. Soltanto una nuova storia lascia comprendere che le tecniche del potere microfisico sono dispositivi multipli di disciplinamento e di controllo dei punti micrologici del tessuto sociale. Cosí come, muovendo dalla ricostruzione analitica di una mappa cartografica, è possibile pensare il passaggio da un soggetto trasgressivo a un soggetto etico. La nozione di alterità, dice Foucault, è inafferrabile e irruttiva nella *Storia della follia*. È, invece, una nozione che le nuove analisi del potere aiutano a trasformare in punti attivi e riconoscibili di resistenza dentro la trama di uno spazio storico reale. La nozione di repressione aveva impedito alla *Storia della follia* una piú adeguata comprensione dello statuto della differenza e della sua potenzialità critica e operativa. «Quando ho scritto la *Storia della follia* mi servivo almeno esplicitamente di questa nozione; credo che supponevo allora una specie di follia viva, volubile e ansiosa che la meccanica del potere e della psichiatria sarebbe riuscita a reprimere ed a ridurre al silenzio» [4]. Piú tardi, nel 1984, introducendo *L'uso dei piaceri*, assegnerà alla nozione di potere repressivo l'alibi e la legittimazione di una nozione di desiderio come principio di liberazione, astrazione illusoria del tutto emarginata dal campo storico [5]. Un inganno, quello del flusso desiderante come movimento di salvezza già sottoposto alle critiche de *La volontà di sapere* del 1976, primo volume di una storia della sessualità impegnata a ricostruire le tappe e le modalità della «trasposizione in discorso» (e dunque delle forme di disciplinamento) delle pulsioni vitali, a partire dalle procedure cristiane della confessione fino alla psicoanalisi.

Il vero problema politico per la storia consiste, allora, nel far apparire come, nel corso dei secoli che hanno visto rafforzarsi le tecniche disciplinari di controllo insieme alla teoria della sovranità, sia rimasto occultato, in realtà, il problema della dominazione e dell'assoggettamento. Una storia effettiva, la *wirkliche Historie*, deve assumere il compito di dar vita alla complessità e alla conflittualità delle forze in campo. La ricerca storica sul potere non può rimanere vincolata, dunque, alla teoria giuridico-politica della sovranità, ma va orientata «verso la dominazione (e non verso la sovranità), verso gli operatori materiali, le forme di assoggettamento, le connessioni e le utilizzazioni dei sistemi locali dell'assoggettamento, e infine verso i dispositivi di sapere» [6].

In quest'idea di storia va colta tutta la portata filosofica del discorso foucaultiano sul potere, se è vero che la tensione tra storia e filosofia esprime il bisogno di legare il *reale* e il *possibile*, la ricostruzione delle stratificazioni dei processi che giungono fino a noi e l'apertura al *voler essere altrimenti* indicata dall'«*ethos* filosofico» del commento a Kant degli anni Ottanta. La storia si fa filosofia perché si impegna in una pratica di sapere disoccultante, fronteggia l'oblio e resiste alla dimenticanza, esprime un nocciolo meditativo ed esercita una disposizione critica.

La storiografia che converge con la filosofia non ignora gli *inizi*, ma raddoppia in profondità il campo di analisi, porta alla luce le lotte reali che l'archeo-genealogia ha il compito di disseppellire. Quando il campo dei conflitti reali si trasforma in un campo teorico di lotte ipotetiche, illusorie, fittizie – come quelle assegnate da Hobbes allo stato di natura –, queste si adattano ad essere sospese e cancellate dal contratto sociale, dal patto di pace, e questa cancellazione costituisce del patto di pace la base di legittimità [7]. Il complesso tessuto degli inizi resta, dunque, rimosso. Di questa dimenticanza è complice la storia del potere come storia dei vincitori, una storia che fa della trappola per i vinti l'unica realtà e l'unica verità: pensare il potere, per essa, è pensare la sovranità del vincitore. Solo un mutamento del fare storia consente, allora, di pensare ciò che non si è voluto pensare.

Con l'elemento genealogico la storia diviene in forma esplicita orientamento etico-politico, esprime l'idea di come debba esercitarsi la critica in un campo di lotta. La genealogia sposta i termini della discussione dallo statuto dell'enunciato a quello di forza, e piú direttamente dal problema della verità a quello della libertà. Si definisce, cosí, quel progetto archeo-genealogico e strategico che impedisce di pensare il potere come trappola mortale e l'evento, l'avvenimento, la forza, come infallibile luogo della liberazione, prospettando, perciò, alla differenza, alla forza, alla vita singolare la sua problematizzazione.

2. Ancora nell'intervista del '76 Foucault avverte il pericolo di un uso astraente e frainteso della nozione di avvenimento. Se è fatto valere in opposizione alla nozione di struttura, assimilata quest'ultima al pensabile e al sistematico, l'avvenimento è destinato alla irrazionalità e alla assoluta contingenza. «Ma ciò che importa è di non fare per l'avvenimento ciò che si è fatto per la struttura. Non si tratta di ripiegare tutto su un certo piano... Il problema è allo stesso tempo di distinguere gli avvenimenti, di differenziare gl'insiemi di relazioni ed i livelli ai quali appartengono, di ricostituire i fili che li legano e fanno sí che si generino gli uni a partire dagli altri. Di qui il rifiuto delle analisi che si riferiscono al campo simbolico o al dominio delle strutture significanti, ed il ricorso ad analisi che si farebbero in termini di genealogie, di rapporti di forza, di sviluppi strategici, di tattiche... La storicità che ci trascina e ci determina è bellicosa; non è dell'ordine del linguaggio» [8]. Dunque una filosofia dell'evento è una teoria della storia di tipo guerriero, inassimilabile alla conciliazione strutturale o linguistico-ermeneutica.

L'archeologia del sapere aveva indicato l'enunciato come il luogo di una lotta per il potere. Esso è «un bene – finito, limitato, desiderabile, utile – », un bene che risponde alla legge di «rarità» e «che ha le sue regole di apparizione, ma anche le sue condizioni di appropriazione e di messa in opera; un bene che conseguentemente, dal momento che ha un'esistenza... pone il problema del potere; un bene che costituisce, per natura, l'oggetto di una lotta, e di una lotta politica» [9]. Il solido spessore dell'*archivio* mostra come gli enunciati si muovono e si intessono, ma anche come son presi, abbandonati, catturati, ricondotti ai sistemi di verità e all'intreccio sapere-potere. L'intervista del '76, assimilando l'enunciato e la forza, ripete che c'è «una lotta 'per la verità', o almeno 'intorno alla verità'» [10]. Si può concludere, dice Foucault, che non si tratta di affrancare la verità dal potere, ma di staccare il potere della verità dalle forme di egemonia sociali, economiche, culturali. La storia come lotta intorno alla verità è intelligibile solo se analizzata nel piú piccolo, inassimilabile dettaglio e in termini di «relazione di potere» piuttosto che di «relazione di senso». La storia muove dal basso, dalle piccole cose, dai segnali apparentemente insignificanti, dal disparato e dal discorde. Fare storia sarà come frugare fra i resti.

La storia genealogica deve, dunque, scongiurare l'illusione della «origine», come di quella *Ursprung* che si sforza di raccogliere «l'esatta essenza della cosa», la sua «forma immobile» [11]. Il genealogista è un po' come il buon filosofo che ha bisogno del medico per «scongiurare l'ombra dell'anima»: la storia è, infatti, il *corpo del divenire* [12]. Non c'è dubbio che la metafora medica richiama ed anticipa la complessità del *therapeuein* e la sua centralità nell'esame foucaultiano della «cura» antica e dell'*epimeleia* socratica. Qui il richiamo alla nozione di corpo consente alla storia, rievocando Nietzsche, di evitare le chimere delle unità, perché il corpo non si ricompone, come per l'autoriferimento dell'organismo vivente, ma è un effettivo luogo di fratturazione e di sconnessione. Il corpo è – commenta Foucault – «superficie d'iscrizione degli avvenimenti (laddove il linguaggio li distingue e le idee li dissolvono), luogo di dissociazione dell'Io (al quale cerca di prestare la chimera di un'unità sostanziale), volume complesso in perpetuo sgretolamento». La genealogia deve mostrare il corpo «impresso di storia» e «la storia che devasta il corpo» [13]. E allora l'analisi della «provenienza», *Herkunft*, che cerca l'origine nella stirpe, in realtà non porta alla «categoria della somiglianza». Essa cerca di rintracciare «tutti i segni sottili, singolari, sottoindividuali che possono incrociarsi... e formare una rete difficile da sbrogliare»: laddove l'anima pretende l'identità e l'io inventa la coerenza, il genealogista, con l'analisi della provenienza, si accosta da un lato alla storia come al corpo, non all'anima, del divenire, dall'altro «permette di dissociare l'Io e di far pullulare nei luoghi della sua sintesi vuota mille avvenimenti ora perduti». Sotto l'aspetto unico dei gruppi, delle razze, dei tipi sociali, la complessa «trafila della provenienza», che il genealogista lascia apparire, restituisce «gli accidenti, le minime deviazioni». E lascia comprendere come «alla radice di quel che conosciamo e di quel che siamo – non c'è la verità e l'essere, ma l'esteriorità dell'accidente». Nell'esame della nozione di *Herkunft* la scomposizione dell'origine, privata di ogni venerabilità, vale anche «come critica» [14]. Ma il momento della *critica* prende forza e connotazione, ancor piú, nell'esame della nozione di origine come *Entstehung*.

Entstehung designa l'origine come *emergenza* o come momento della nascita. Essa è «il principio e la legge singolare di un'apparizione». E ciò che appare nell'*Entstehung* è sempre uno stato delle forze, di cui l'analisi deve mostrare il movimento. L'irruzione delle forze, nell'emergenza, le designa anche come il luogo di uno scontro. È la crisi di ogni «teoria generale». E questa conversione teorica esige che le persone implicate parlino infine «per conto proprio» [15]. Per questo l'intellettuale non può dare consigli. «Spetta a coloro stessi che lottano e si dibattono di trovare il progetto, le tattiche, i bersagli che bisogna darsi. Quel che l'intellettuale può fare è dare strumenti di analisi». Offrire un «rilievo topografico e geologico della battaglia» significherà indicare la *carta del presente* agli agenti sociali, perché possano farsi capaci essi stessi di analisi e di decisioni. Nel mosaico «ingarbugliato» della storia le lotte sono sempre locali e regionali, coinvolgono luoghi e attori specifici. Ad essi possono essere indicati le «linee di fragilità» e i punti di attacco, ma «quanto a dire: ecco cosa dovete fare, questo certamento no» [16]. Il bisogno di una teoria generale fa ancora parte di ciò che si vuole combattere. «Se il socialismo scientifico ha preso il via dalle *utopie* nel XIX secolo, forse la socializzazione reale emanerà nel XX dalle *esperienze*» [17]. La genealogia non è soltanto l'analisi della dispersività degli avvenimenti, ma è soprattutto l'esercizio *locale* della critica e il prodursi dell'esperienza etico-politica del singolo.

Se la genealogia si fa *memoria storica delle lotte*, ciò accade perché sono in opera due tipi di saperi, il «sapere erudito» e il «sapere della gente». Per sapere assoggettato si intende da una parte il sapere dei «contenuti storici che sono stati sepolti o mascherati entro coerenze funzionali o in sistematizzazioni formali», blocchi di saperi storici che la critica lascia apparire attraverso «gli strumenti dell'erudizione», dall'altra è necessario intendere tutt'altra cosa: «tutta una serie di saperi che si erano trovati squalificati come non concettuali o non sufficientemente elaborati: saperi ingenui, saperi gerarchicamente inferiori, saperi collocati al di sotto del livello di conoscenza o di scientificità richiesto (sono)... il 'sapere della gente'», che non è un «sapere comune, un buon senso, ma è, al contrario, un sapere particolare, locale, regionale». Certo, commenta il testo, ciò comporta uno «strano paradosso», quello di «voler mettere insieme» questi saperi della gente, «lasciati da parte, quando non sono stati effettivamente ed esplicitamente emarginati», questi saperi «squalificati», con i contenuti di una conoscenza storica «meticolosa, erudita, esatta» [18].

La critica, cosí proposta, lascia pensare, allora, che l'idea genealogica è quella di promuovere una capacità differenziata e micrologica di accesso all'*archivio*, e dunque l'esercizio, per tutti, di una riflessività indispensabile alla pratica etico-politica della libertà, una riflessività che mette in gioco la produzione del sé e l'attualizzazione del mondo, la cura e l'attualità.

3. Alla «cura di sé» e all'«attualizzazione» del presente Foucault affida il compito di raccogliere la sfida del mondo classico alla filosofia occidentale, quella di pensare un soggetto di esperienza capace di fare del proprio mondo il luogo di una prova [19]. È facile pensare che questa sfida abbia accompagnato fin dagli inizi – e lungo le ricerche sulla storia dei sistemi di sapere e di potere che hanno segnato, in Foucault, il lutto della morte dell'uomo – lo sforzo di pensare un nuovo soggetto, se è vero che nel 1961 l'introduzione all'antropologia pragmatica di Kant elabora una trama concettuale che rimarrà nel tempo un riferimento centrale per le tesi di una nuova etica.

È, infatti, sorprendente ritrovare un esplicito nesso tra «cura» e «attualità» nell'*Introduction à l'Anthropologie de Kant*, dove è in discussione un intero apparato concettuale cui rimane ispirata l'etica foucaultiana come cura, estetica dell'esistenza e uso della vita [20]. I temi kantiani del lavoro dell'animo, del *Gëmut*, sulle pulsioni e sui pensieri, della medicina morale, della forza di un *Gebrauch* o di uno speciale uso della vita, dell'esser preso nel gioco del proprio pensiero o dell'essere affetto da se stesso, della dietetica e della padronanza di sé, dell'esercizio quotidiano di una *Kunst* come effettiva arte della vita, della saggezza che affianca all'abilità il dovere, apparivano del tutto coerenti con un'idea dell'«attualità» del mondo che Foucault ritrovava nell'*Opus Postumum*. Se nel programma antropologico, per Kant, conoscere l'uomo significa conoscere il mondo, la conoscenza del mondo deve convertirsi, piuttosto, in un *avere pratica* del mondo: la riflessione antropologica – si legge nell'*Introduction* – sarà «analisi della maniera in cui l'uomo acquisisce il mondo (il suo uso, non la sua conoscenza), e cioé di come può installarsi in esso ed entrare nel gioco: *Mitspielen*» [21]. E, commentando l'*Opus postumum*, Foucault aggiunge che se il concetto di mondo è scoperto a partire non da un Io penso ma da un *io sono*, da una esistenza singolare che prende posto nel campo dell'esperienza, questo concetto apre un piú complesso «sistema concreto di appartenenza». Il mondo non è la *physis* né l'universo delle leggi o la totalità delle determinazioni (*das All*), ma il «termine concomitante della determinazione del me» [22]. Il mondo «non si dà nell'apertura dell'*All*: esso è presente nella flessione su di me del *Ganz*» o di quel sistema di rapporti reali cui è necessario partecipare come a un proprio e unico mondo. A differenza dell'universo, «il mondo è dato in un sistema di attualità che avvolge ogni esistenza reale». Il mondo è radice dell'esistenza, nel doppio senso di ciò che la vincola e di ciò che la lascia al suo autoprodursi, di ciò che *contenendola* la *trattiene* e la *libera*. Questo mondo non impedisce di pensare che «*altri* rapporti saranno *altrimenti* definibili». Ma il *possi-*

bile è pensabile solo «a partire dal sistema dato dell'attualità e la pluralità dei mondi non si profila che a partire dal mondo esistente» [23]. Cosí, già nel 1954, nello scritto su Binswanger, Foucault annunciava le condizioni innovative di un pensiero sagittale del proprio tempo, il rapporto di attualità con il mondo: «L'immaginario non è un modo dell'irrealtà, bensí un *modo dell'attualità*, una maniera di prendere *in diagonale* l'esserci per farne sorgere le dimensioni primitive» [24]. C'è un originario nel tempo del mondo che l'immaginario è capace di sommuovere.

Negli anni della nuova etica e della genealogia del soggetto, quando dopo un ventennio sembra consumarsi il tempo delle analisi dei sistemi di verità e dei dispositivi di potere, la coppia concettuale di *attualità* e *cura* bene esprime, chiudendolo circolarmente, un percorso che ha continuato a interrogarsi sulle condizioni etico-politiche e trasformative dell'esistenza singolare.

Pensare il mondo come «attualità», dicono, negli anni Ottanta, i commenti alle tesi kantiane sull'Illuminismo, significa assumere il presente come spazio di una trasformazione politica dove la *vita filosofica* si esercita come *atto di verità* e *atto di coraggio*. Il *sapere aude* – il motto kantiano che non poco converge, come si vedrà, con l'elogio foucaultiano della *parrhesia* o del «parlar franco» – è l'invito al coinvolgimento di un *autos* nell'atto di verità, capace di fare dell'interrogazione filosofica sul proprio presente l'atto di un potere etico. È l'*ethos* filosofico – il filosofo apprende il proprio mondo come «appartenenza» e come «compito» – che spinge a tagliare il tempo e le cose perché si possa essere *altrimenti*, che orienta ad assumere il proprio presente come «attuale» o come ciò che vale per noi [25]. Alle domande «chi siamo noi» e «che cosa vogliamo diventare» risponde l'«ontologia dell'attualità», suggerita dalla domanda sull'Illuminismo e dalla risposta kantiana. Questa espone un'altra modernità, oltre quella cartesiana ed epistemica, una modernità che si carica della pratica critica e della vita filosofica, e che, per questo, tiene insieme il Kant della *Beantwortung*, Hegel, Nietzsche, Max Weber e i filosofi di Francoforte [26]. E non c'è dubbio che l'attualizzazione del proprio presente è una prova complicata e decisiva che chiede al vivente singolare una forte disposizione riflessiva. Non basta esprimere il dissenso, il grido, l'insofferenza, non basta liberare il flusso del desiderio e la reattività vitale – non basta che si dia un *agencement de désir* [27]–, perché la vita si faccia resistenza effettiva e operazione nel mondo: l'attualizzazione esige un complesso e profondo lavoro di riflessione e di analisi.

L'idea foucaultiana di distinguere, e lasciare che si fronteggino, i dispositivi «costituenti» e i «fenomeni di resistenza» pone, secondo Deleuze, difficili problemi di strategia e di statuto [28]. La domanda obbligata a cui Foucault è chiamato a rispondere è allora: che cosa è che fa di un evento un punto strategico di resistenza piuttosto che una indecidibile linea di fuga? Che cosa può immettere dentro i concatenamenti del desiderio un *partage* tra il Potere e i poteri, tra i dispositivi di potere e il contropotere? E come, poi, proprio il piacere – e non il desiderio – può essere in grado di animare il contropotere? [29] Quel piacere che, sottratto alla mancanza e alla inesauribilità («non posso evitare di pensare o di vivere il 'desiderio = mancanza', dove il desiderio si dice represso», pare che continuasse a ripetere Foucault), è al contrario – nella convinzione di Deleuze – proprio ciò che scandisce e sottomette il desiderio? Il piacere sembra essere, in verità, soltanto il mezzo per una persona o per un soggetto di «ritrovarsi» in un processo che lo supera e lo eccede [30]. La conclusione deleuziana, che ha il tono di un esito paradossale, in realtà coglie il nocciolo della questione che occuperà la ricerca di Foucault a partire da *La volontà di sapere* : quali sono le condizioni della produzione etica e politica di un nuovo soggetto.

L'uso dei piaceri prova ad avviare una risposta al problema e a suggerire come costruire una strategia della resistenza, come assegnare all'evento lo statuto di elemento che resiste alla occupazione dei dispositivi, come praticare un possibile legame tra i momenti che disegnano, nelle movenze reali, gli insiemi strategici.

La critica del desiderio, compromesso con la metafisica della repressione e della liberazione, e lo spostamento alla questione del piacere sembrano costituire le premesse per discutere come il desiderio, o in generale la vita, non si limiti a distribuirsi e a concatenarsi, non sia l'essere che accade nella semplicità dell'*agencement de désir*, ma esiga una elaborazione. Questa elaborazione è il farsi «spirituale» del vivente, l'esser preso nel proprio sapere, l'attivazione del circolo che lega il soggetto alla verità secondo un movimento di reciproca trasformazione [31].

È necessario che una *problematizzazione etica* [32] investa non solo la regola e la condotta, i codici e i comportamenti, ma soprattutto le modalità del «condursi» [33]. E tra i fattori che concorrono a produrre i movimenti di *soggettivazione* – o di produzione del soggetto, capace per il suo stesso prodursi di *se déprende de soi même*, di distanziarsi da se stesso – un punto centrale resta la forma di «*elaborazione* del *lavoro etico* che si conduce su se stessi, e non solo per rendere il proprio comportamento conforme a una regola data, ma per cercare di trasformare se stessi in soggetto morale della propria condotta». È questo il momento effettivo della «pratica di sé» e dell'«esercizio ascetico» indispensabile per assegnare all'agire finalità e tensione [34]. La storia dell'etica, che si fa storia delle forme di soggettivazione morale e delle pratiche di sé, è insieme *storia dell'etica* e *storia dell'ascetica* [35]. L'obiettivo è di indagare uno spazio di sottrazione alla pura morale dei codici e riattivare una morale «orientata verso l'etica», in cui «l'elemento forte e dinamico è da ricercarsi nell'ambito delle forme di soggettivazione e delle pratiche di sé» [36].

Non c'è dubbio che tra le morali orientate verso l'etica, o verso le forme dell'esercizio «ascetico» del «condursi», si collocano le morali dell'antichità e gli esempi della signoria morale su di sé [37]. Il mondo antico, dove mancano apparati coercitivi e corpi legislativi forti e unificati, resta, infatti, il terreno adatto a riflettere sulla possibilità di movimento del soggetto che lavora su se stesso, di una forza vitale che si produce e si conduce secondo un limite, una misura, uno «stile», che domina i conflitti e le intemperanze, le fiacchezze e gli eccessi, non reprimendoli ma governandoli. L'etica come *estetica dell'esistenza* è lo spazio dove la *vita* si fa *opera di se stessa*, assegnandosi qualità morale, è luogo di *chresis* e di *sophrosyne*, che realizza «temperanza» e «saggezza» in vista della «padronanza di sé»[38] o dell'*enkrateia* come stile di «vita virtuosa», «vita dell'uomo 'libero' nel senso pieno, positivo e politico del termine» [39].

Cosí, per *L'uso dei piaceri*, nell'analisi degli *aphrodisia*, il piacere sembra farsi garante del carattere eventuale, singolare della vita ed è, in riferimento alla complessa costituzione della soggettività, solo un elemento della ruota che tiene insieme piacere, atto, desiderio. Il desiderio è il lato della tensione ad essere, il piacere è il lato che coincide con l'effettività di un atto, che a sua volta alimenta il desiderio [40]. È sostanzialmente questo il circolo descritto per l'etica greca ed è questo l'intreccio concettuale adatto ad affondare la pratica della soggettivazione nelle «opere», nel produrre, nel fare, in una *pratica che fa presente*. Da questa prospettiva la strategia sarà solo l'effetto di una produzione di sé sempre dislocata su altro, l'effetto di una decisione che sceglie l'interiorità e l'esteriorità, il dentro e il fuori.

Nel circolo dell'uso, o del kantiano *Gebrauch*, – nel movimento che lega piacere, atto, desiderio – il sé si imprime nell'atto e questo rinvia a una nozione di forza non assimilabile alla spontaneità dell'onnipotenza energetica, ma alla concreta e limitata manovra in un campo che piega il piacere e allerta il desiderio. È il profilo dell'ontologia di una forza che vive del continuo piegamento di sé e dell'altro, dell'altro attraverso sé e di sé attraverso l'altro. La forza non *è*, ma è ciò che *diviene* nel circolo del piacere, del desiderio e dell'atto, cosí come questi non sono, ma divengono ciò che ne fa la penetrazione della forza. «L'ontologia cui si riferisce questa etica

(...) non è, almeno nella sua forma generale, una ontologia della mancanza e del desiderio; non è quella di una natura che fissa la norma degli atti; è quella di una forza che lega fra loro atti, piaceri e desideri. Questo rapporto dinamico è ciò che costituisce quella che si potrebbe chiamare la grana dell'esperienza etica degli *aphrodisia*» [41].

La posta della morale è, dunque, il controllo dell'insieme dinamico del circolo, dove sono in gioco non la natura dell'atto e quella del piacere, ma la misura temperata del piacere e il valore di posizione del soggetto. In altri termini, l'apprezzamento morale è tracciato dalle due grandi variabili della moderazione e della valenza attiva dell'agente [42]. Inoltre, l'insieme dinamico, su cui insistono l'uso della forza e la qualificazione etica di questo uso, è posto nel piú ampio scenario dell'essere situato dell'agente, implica il campo temporale delle opportunità e quello personale del soggetto. L'uso dei piaceri comporta anche l'attenzione, perciò, a «una triplice strategia: quella del bisogno, quella del momento e quella dello status»[43] e dispone la costituzione morale del sé non in riferimento alla universalizzazione della regola ma alla individualizzazione dell'azione [44].

Desiderio e piacere non si limitano ad essere, ma sono esposti alla elaborazione della pratica, di quella *pratica di sé* capace di rendere effettuale la forza solo in quanto potere etico o uso riflesso della libertà [45].

Il piacere e il desiderio sono, in queste argomentazioni, soltanto i momenti di un campo, dove è sempre anche già annunciata l'attesa, la finalità, il telos della signoria, e dove l'atto imprime alla forza il suo essenziale piegamento, la moderazione e il carattere attivo. Allora, il processo di soggettivazione, la produzione del sé orientata alla valorizzazione e all'*enkrateia*, è l'esercizio di una pratica come piegamento della forza (che *si* piega e che piega). Non è altro dal movimento di un vivente singolare che diviene soggetto indipendente e lo diviene per sé, ne è cioè la *costitutiva attività riflessiva*. Il vivente affida all'atto, all'uso del piacere, che si fa spinta del desiderio, la potenza che, tornando a sé, trasforma la semplicità del movimento della vita nella esperienza concreta di un soggetto o di un effettivo potere singolare indipendente. È una speciale conversione dello sguardo verso sé – oltre che verso il mondo e verso gli altri – che per Foucault produce la dimensione «spirituale» del soggetto e dell'atto di verità [46].

Nella descrizione delle «pratiche di austerità» dell'etica antica Foucault indica nella Dietetica l'esercizio di una correzione permanente della propria esistenza, il regime che produce lo stato della signoria: questa è la pratica di una forza moderata dalla virtú o l'atto di una pulsione frenata, l'appagamento nel piacere che sa divenire desiderio, che sa trattenere e mancare. Il regime fisico degli *aphrodisia*, il controllo delle passioni e l'uso dei piaceri costituiscono, piú che una «preoccupazione igienica», un «esercizio esistenziale» che implica «la padronanza di sé, la forza e la vita dell'uomo». È un effettivo operare, una pratica del condursi che produce «la forma rarefatta e stilizzata di un regime», e questo significa «formarsi, esercitarsi, mettersi alla prova come individuo capace di controllare la propria violenza e di lasciarla muovere liberamente entro dei limiti corretti, di *trattenere in sé il principio della propria forza vitale* e di accettare la propria morte»,[47] il proprio limite, il pudore e il piegamento.

Ma il movimento della produzione etica del soggetto giunge alla indipendenza vera e alla compiutezza della signoria – secondo il percorso proposto da Foucault lungo l'esposizione del trittico degli assi dell'esperienza, Dietetica Economica Erotica – solo quando si accede all'Erotica filosofica e alla critica dell'amore. Qui, alla domanda su che cosa sia l'amore «nella sua essenza stessa»,[48] la risposta richiama l'imperativo socratico dell'*epimeleia heautou*, della «cura di sé», e questo imperativo si pone dentro il gioco di una *duplicazione della cura.*

Socrate è *basanos*, pietra di paragone, coraggiosa armonia di *bios* e *logos*,[49] esempio di vita filosofica e di quella signoria che è effetto dell'*epimeleia*, sguardo speciale di distanziamento, di inquietudine, di frattura del sé con sé, del sé con l'altro, del sé col mondo. Ma Socrate è anche il filosofo che appare sulla scena del rapporto amoroso [50]. E il filosofo è colui che piú di altri ha cura degli altri, è colui che ha cura della cura,[51] perché è esercizio di cura e insieme invito alla cura. In presenza del filosofo, o della «vera vita», il problema dell'«amore degno» si trasforma nel problema del «vero amore»: con l'apparire di Socrate si fa presente il vero oggetto d'amore, e cioè la stessa pratica di *eros* e di *ethos* che coincide con l'*epimeleia*,[52] la modalità etica dell'atto d'amore. Con Socrate prende vita «il principio che impedisce di 'cedere'»,[53] la sottrazione meditante, stravagante,[54] ma anche la concentrazione indurita, astinente, che connota la «assenza visibile» dell'indipendenza del sé [55]. Sono, cosí, «i giovani», dice Foucault ricordando le conclusioni del *Simposio*, «a essere innamorati di Socrate: lo seguono, cercano di attirarlo, di sedurlo, vorrebbero che egli accordasse loro i suoi favori, e cioè che comunicasse loro i tesori della sua saggezza» [56]. Il giovane amato, al quale Socrate rifiuta di scambiare bronzo con oro, Alcibiade, diviene da amato amante, amante del maestro di verità e dell'atto amoroso di verità. È l'incontro con la cura, dunque, che fa delle forze in gioco non piú un amante e un amato, ma due amanti, due soggetti di *eros*, per i quali l'*amore vero* si fa amore *del* vero, e dunque apertura duplice alla verità.

La critica socratica dell'amore e l'invito alla pratica di *eros* come vita filosofica prolungano il rapporto erotico nel rapporto con la verità, scomponendo l'apertura alla verità nell'atto raddoppiato dei due amanti. E questa apertura non può non far pensare a un mondo, a un frammezzo, a un intermedio, che è investimento di amore e, insieme, «segreto supporto» dell'amore [57]. L'*epimeleia* socratica apre, cosí, alla cura comune del mondo e alla capacità, per ciascuno, di porre costantemente la contingenza, di sé e del proprio presente, quella stessa contingenza elaborata da un sapere che si fa «*épreuve d'événementialisation*», esercizio di produzione di eventi e riaccensione di un «campo d'immanenza delle singolarità pure», un campo di indecisioni e di dislocazioni eventuali che le rende fragili e impermanenti [58]. L'esito della critica filosofica dell'amore non è, allora, lontana dall'esercizio della critica come «ontologia dell'attualità», elaborata dai commenti alla questione kantiana dell'*Aufklärung*. Cosí come l'invito ad *attualizzare* il mondo, esibito da Foucault nel motto kantiano del *sapere aude*, si combina con il coraggio della verità e con il tema della *parrhesia* greca.

4. La stessa nozione di *parrhesia*, ricorrente nelle ultime lezioni di Foucault, tende a rafforzare la logica del compimento duale dell'amore e l'idea della duplicazione del potere etico, ponendo la discussione su che cosa debba intendersi per «atto di verità».

Lo spostamento dalla questione epistemica della verità e dei sistemi di verità all'*etica della verità* passa, infatti, per quel tipo di qualificazione morale del dire, del «dire vero», che si fa esemplare nella *parrhesia* greca. La *parrhesia* o il «parlar franco» richiede un atto singolare, personale e intrasferibile, una immedesimazione delle convinzioni del locutore e dei contenuti del dire (in questo la *parrhesia* si dissocia dalla retorica e dall'adulazione),[59] ma ciò aggiunge alla responsabilità personale il coinvolgimento plurale. L'implicazione di un *autos* nell'atto di verità [60] dispiega, in altri termini, uno stato multiplo di forze investite nel dire e propone modalità di relazioni «senza forma» [61].

La discussione sulla *parrhesia* introduce la questione di come sia necessario esaminare il tipo d'atto attraverso il quale il soggetto che dice la verità si manifesta. L'atto del dire è sempre un doppio movimento tra il soggetto e la verità, per il quale si incrociano la personalizzazione del vero attraverso il soggetto che parla e l'esposizione del soggetto parlante nella verità espressa. In questo senso l'atto di verità comporta sempre per il soggetto e per la verità quella reciproca trasformazione che il discorso sull'*epimeleia* aveva indicato come il campo della «spiritualità».

L'atto di verità, introducendo la questione delle «forme aleturgiche», dei rituali di manifestazione e di produzione della verità,[62] pone anche l'esigenza di distinguere, tra queste forme, le condizioni per le quali un'aleturgia possa dirsi *parrhesia*.

L'esame dei rituali aleturgici dà conto delle modalità di manifestazione della verità, ma anche degli specifici tipi di obbligazione a dire. Rende chiaro come la sfera dell'obbligo possa oscillare tra l'obbedienza, la sottomissione, e il dovere morale. Se è vero che le figure dell'aleturgia mutano con il mutare dei soggetti nel loro rapporto alla verità, è pur vero che si profila una distinzione tra chi è puro tramite della verità, luogo di prescrizioni o di divieti, e chi produce da sé la verità e converte l'obbligo in un appello morale. Il sacerdote dei riti sacrificali, ad esempio, è soltanto operatore e spettatore inalterato del manifestarsi di una verità che proviene da altro e che si fa presente nella vittima. Cosí come il testimone produce una verità, se ne fa locutore e se ne assume la responsabilità nell'atto del dire, ma questo dire manifesta la verità che riguarda piú gli altri che se stesso. La forma piú pura e piú importante di manifestazione della verità a proposito di se stessi è, invece, la confessione, dove si compie un atto di verità in cui il soggetto è attore e testimone: colui che confessa manifesta una verità che riguarda il fondo della propria coscienza, il resoconto delle intenzioni e degli errori, il segreto del proprio cuore e della propria vita, mentre partecipa tutto questo ad un altro che ascolta e che obbliga a parlare. Questo tipo di aleturgia occupa le istituzioni religiose e giudiziarie e dispone l'atto di verità di chi è costretto al mutamento dal potere specifico e costituito, il confessore e il giudice [63].

Dire il vero su di sé è stato sempre, nella cultura antica, un'attività multipla, praticata con gli altri. Ed è lo statuto dell'altro, la cui presenza è necessaria, a rimanere il problema di massima attenzione nella problematizzazione dell'obbligo a dire [64]. Fra i rituali aleturgici solo la *parrhesia* produce eticamente il soggetto. Essa non esprime solo l'obbligo a dire il vero, ma una effettiva etica della verità. Ciò accade perché la fonte dell'obbligo, che qui diviene compito morale, è un altro soggetto il cui statuto è estremamente variabile, fluido, indeterminato, certamente non istituzionalizzato. Non è il confessore o il direttore di coscienza, non il magistrato, non il medico, lo psichiatra o lo psicoanalista, nessuno che sia investito di una qualificazione data dall'istituzione o garantita da saperi speciali. Questo altro è soltanto colui che è capace di qualificare eticamente la verità e che non è isolabile né definibile nei suoi ruoli, nelle sue funzioni, nelle sue determinazioni, perché è solo un soggetto disposto alla *parrhesia*: la qualificazione dell'altro è solo il suo essere, a sua volta, *parrhesiastes*.

Se la fonte di obbligazione dell'atto di verità di tipo parresiasta è sempre un altro soggetto parresiasta, questo atto di verità si colloca, allora, dentro un originario raddoppiamento e la *parrhesia* risulta una pratica duale, un esercizio a due, e soprattutto una relazione tra uguali per qualità morale e per finalità etica.

Il «parlar franco» esige il coraggio di chi parla e di chi ascolta, il gioco doppio del fronteggiamento: chi insegna saperi e tecniche acquisite annoda e desidera annodare, tra sé e i suoi allievi, un legame che è quello del sapere comune, della tradizione, dell'eredità, della riconoscenza e dell'amicizia, ma il parresiasta è colui che rischia la relazione, la pone nella discontinuità, accetta la sfida e l'ostilità, perché la sua verità può unire e conciliare solo dopo aver aperto il conflitto e scomposto le appartenenze [65]. La pratica parresiasta nutre, cosí, una *philia* che consuma costumi, regole, comunità, producendo, al contrario, modalità di relazioni dalle «intensità multiple», dai «colori variabili», dai «movimenti impercettibili», adatte a introdurre «l'amore laddove dovrebbe valere la legge, la regola, l'abitudine» [66].

La verità – sono le conclusioni del commento foucaultiano alle contraddizioni della democrazia ateniese – non può essere detta in un campo politico marcato e definito dai piú e dai meno come dai migliori e dai peggiori, ma solo in un campo politico ridefinito dall'«indifferenza dei soggetti parlanti» [67] e dalla loro eguaglianza reale. Ma questa eguaglianza va elaborata e conquistata, perché solo l'eccellenza e la «differenziazione etica» sono garanzia del buon governo. Una valorizzazione multipla della vita singolare si dispone agli inizi, nella trama degli strati profondi della regolazione giuridico-politica dei conflitti. In quegli strati dove l'antagonismo è solo attivazione di poteri etici, originariamente legati ma anche in contrasto con ogni forma di appartenenza definita e reclusa. L'etica della cura aiuta, cosí, a ripensare la politica oltre il narcisismo e il collettivismo, e la vita filosofica non occupa, per questo, i confini esterni della politica ma la penetra e la restituisce alla sua dimensione piú propria.

L'uso antico della vita, l'*epimeleia* e la *parrhesia* socratica descrivono un'etica certamente lontana da derive narcisistiche o trasgressive e ci aiutano a ripensare le condizioni di riarticolazione possibile del nesso tra le vite e i poteri nella pratica di un'*esperienza* che trattiene la soggettivazione nel rapporto triangolare con i sistemi di verità e i dispositivi di potere. Rileggo i Greci – avrebbe potuto affermare Foucault – perché la rivoluzione sarà etica [68], dal momento che non c'é resistenza possibile alle pratiche di assoggettamento se non nella reinvenzione del rapporto a sé.

Capitolo settimo

Antropologia come vita filosofica

Nel tempo del post-umano la domanda sull'uomo si ritrae da una risposta sulla «natura» della «natura umana», da una definizione biogenetica o culturale adatta a indicare una costante nella origine, una qualche permanenza della vita o della storia, che sappia anche dirne la destinazione futura.

Quando Kant avvertiva che all'antropologia competeva la «pragmatica», perché è suo compito cercare di comprendere non l'uomo qual è ma quale vuole diventare, diceva anche che non è possibile sapere *a priori* come l'uomo si faccia attore della propria destinazione, dal momento che ciò è questione di un'esperienza spesso caotica e incerta. Le sintesi multiple che, nell'*Anthropologie*, minacciavano la stessa identità soggettiva – «affetta dal proprio pensiero» – sembravano esposte, contro ogni rigida analitica della verità, all'avvertimento della sproporzione e allo scacco dell'incolmabile. L'antropologia pragmatica poteva crescere insieme a un lavoro critico di vigilanza sulle facoltà, ma anche di stimolo per la vita umana ad andare oltre se stessa. La vita ha il sostegno dell'animazione del *Geist* che spinge lungo i sentieri delle *Ideen* della ragione, irricomponibili nella oggettivazione. Il bisogno trascendentale si fa complice, allora, del divenire della vita e della rottura di una soglia che ne impedisca il movimento. È forse questo doppio valore del trascendentale, quello dei principi di legittimazione della conoscenza empirico-oggettivante e quello dell'imperativo formale dell'autonomia e della inesauribilità del volere e dell'agire, che può aiutare ad intendere l'enigma di Kant, il suo tenere insieme la tradizione greca del pensiero dell'essere e quella illuminista della critica del sapere. Dopo Kant la conciliazione dinamica delle due tradizioni appartiene, ha detto Foucault, alla filosofia di Nietzsche, marcando cosí una continuità e un'idea: non è possibile che si esprima coerentemente il bisogno trascendentale o la pratica critica se non a partire dalla non identità dell'essere e del pensare, e dunque da un pensiero costantemente esposto all'essere.

La distanza voluta da Kant tra l'empirico e il trascendentale sembrava anticipare, da questa prospettiva, la necessità di restiture l'uomo e la sua finitudine non tanto a una pur concreta scala dei viventi, quanto, come avvertiva Heidegger, a quella «totalità degli enti» che lo riconsegna al rischio e all'«asprezza del suo destino». Un'asprezza che non assegna garanzie a nessun atto di verità e che non può lasciar intendere, come voleva Cassirer, la indefettibilità dell'atto simbolico. Non salva il futuro dell'uomo il suo esser disposto fra le classi dei viventi e non può salvarlo la spontanea attività del dar forma, il compimento di un proprio mondo di vita come formazione simbolica.

La domanda sull'uomo pone, innanzitutto, il problema di quell'esistenza finita che rende possibile ogni conoscenza e chiede, per questo, che l'interrogazione su se stessi sia innanzitutto un'inchiesta sul pensare. Ma pensare il pensiero esposto o l'esposizione del pensiero – come impone un'attitudine post-metafisica – vuol dire pensarne i limiti entro il quadro di un pensiero dell'essere e di una critica generale della ragione, significa riaprire, cioè, la doppia tradizione custodita da Kant.

Il dopo-umanesimo non esaurisce la portata della questione antropologica, ma la sposta negli obiettivi e nei metodi. Il *Was ist der Mensch?* non chiede un chiarimento sulla posizione dell'uomo nel cosmo, ma si interroga sulle condizioni alle quali l'uomo può ancora farsi attore della propria destinazione, quando è sempre al bivio, in ogni minima piega dell'esistere, tra la liberazione e la occupazione, tra il vivere e il morire.

L'umano esposto al non-umano é un'inafferrabile ibridazione, si è detto, che occupa il passaggio, l'accumulo e la stipatezza del ripiegamento e della tramatura, il tratto di un intermedio mobile tra l'universo biologico e l'universo tecnologico. È una vita riflessa, sempre mediata, anche eccedente e difficilmente decifrabile, che tuttavia non evita il rischio della passività degli attraversamenti e dell'essere sostanzialmente solo altro da se stessa e ostaggio di un fuori che la fa essere com'è. Il problema dello scenario post-umano non è, allora, quello di definire o di problematizzare il confine tra animalità e umanità, né solo quello di difendere la riflessività della vita contro l'espediente distruttivo della riduzione alla nuda vita, ma è quello di riappropriarsi di una critica che taglia un altro tipo di campo conflittuale.

Oggi lo scontro teorico e il conflitto politico non riguardano piú, come per larga parte del secolo appena trascorso, la dissociazione tra l'animalità e l'umanità dell'uomo, perché non è piú solo in gioco, per l'uomo, la *custodia* della sua animalità, ma pure la crescente tendenza a *prenderla in carico* attraverso la tecnica. La scissione che si propone allo scontro è, allora, quella tra il blocco dei saperi e dei poteri che attraversano l'uomo – zoomorfo e riconsegnato dall'antropologia filosofica moderna alle intricazioni corporee, ma oggi campo di percorrenze pluricodiche e post-organiche – e la capacità di fare di questo blocco il campo di una «prova di evenemenzializzazione».

In altri termini il soggetto cyborg o post-umano pone alla critica del pensiero ancora una volta il pensiero dei suoi limiti, e non solo in quanto critica dei sistemi di ragione, ma in quanto assunzione e pratica di un pensiero dell'essere che si è differenziato. La questione non può essere affrontata se non riaprendo lo scarto tra essere e pensiero, nell'esercizio di quella disposizione molecolare che suggeriva la svolta genealogica di Nietzsche e che l'etica della cura e dell'attualità, anch'essa di ispirazione kantiana, ha trasferito in una vera e propria strategia archeo-genealogica.

Non c'è, per la domanda antropologica, un pensiero che chiede di essere incarnato o una vita che si muove nell'immancabile e indefettibile potere di darsi forma. L'analisi del pensiero come analisi dei limiti assume, nell'età post-umana, il compito di riaprire le soglie di «epistemologizzazione», di scomporre i sistemi «terminali» di apparizione dei saperi-poteri, rinviandoli alle complesse partizioni storiche dei sistemi «pre-terminali», per farne apparire i fattori reali e conflittuali che alimentano o consumano i codici di controllo e di imposizione. L'obiettivo di una nuova antropologia filosofica, dopo lo sradicamento dal discorso delle costanti empiriche e dei principi, può rilanciarsi nella riappropriazione della conoscenza e delle condizioni di resistenza e di contrasto, nella custodia degli *inizi*, che avvolgono il *corpo* e la *storia*.

Pensare il pensiero, in questa prospettiva, sarà preliminare a quella trasformazione di sé e del mondo, del corpo e della storia, che fa dell'uomo l'attore della sua destinazione. Ma pensare il pensiero vorrà anche essere l'invito a farlo per ciascuno, perché la propria vita sia una pratica simultanea di frantumazione e di elaborazione. Sarà ancora della filosofia il compito di «elaborare» i saperi dell'uomo, come voleva Habermas, ma solo quando sarà, la filosofia, essa stessa divenuta. Quando da proposta di teorie generali sarà, per l'esistenza singolare, esercizio quotidiano di *vita filosofica*. La valorizzazione del singolare è, cosí, quel lavoro teorico personale che, come diceva Foucault, può forse apparentare la critica alla virtú.

Note

Capitolo I

1. Apparso nella prima edizione del volume *Philosophie* del Fischer Lexikon (hrsg. von A.Diemer, I.Frenzel, Frankfurt am Main, Fischer, 1958), l'articolo *Antropologia* di Habermas è stato conservato nell'edizione italiana, in parte riveduta, a cura di Giulio Preti, *Filosofia*, Enciclopedia Feltrinelli Fischer 14, Milano, Feltrinelli,1966, pp.19-38.

2. Cfr. O.Marquard, *Zur Geschichte des philosophischen Begriffs «Anthropologie» seit dem Ende des achtzehnten Jahrhunderts*, in Id., *Schwierigkeiten mit der Geschichtsphilosophie*, Frankfurt am Main, Suhrkamp, 1973, pp.122-144; Id., *Anthropologie*, in *Historisches Wörterbuch der Philosophie*, hrsg. von J.Ritter, Basel/Stuttgart, Schwabe, 1971, Bd.I, pp.362-374.

3. U. Fadini, *Antropologia filosofica*, in *La filosofia*, diretta da P.Rossi, Torino, Utet, 1995, vol.I, p.496.

4. J. Habermas, *Antropologia*, cit., pp.20-21.

5. Ivi, p.35.

6. Ivi, p.20.

7. Th.W. Adorno, *Introduzione* a *Dialettica e positivismo in sociologia*, a cura di H.Maus e F.Fürstenberg, trad.it., Torino, Einaudi, 1972, p.48.

8. Ivi, p.44.

9. Th.W.Adorno, *Sociologia e ricerca empirica*, in *Dialettica e positivismo,* cit., p.84.

10. M.Horkheimer, *Considerazioni sull'antropologia filosofica*, in Id., *Teoria critica. Scritti 1932-1941 (I)*, a cura di A.Schmidt, trad.it., Torino, Einaudi, 1974, pp.197-201.

11. Ivi, pp.207-209.

12. Ivi, p.222.

13. M.Horkheimer, Th.W.Adorno, *Dialettica dell'Illuminismo*, trad.it., Torino, Einaudi, 1966, pp.5,34.

14. E.Husserl, *La crisi delle scienze europee e la fenomenologia trascendentale*, a cura di W.Biemel, trad.it., Milano, Il Saggiatore, 1961, p.358.

15. Ivi, pp.37-39.

16. Ivi, p.350.

17. Ivi, p.355.

18. Ivi, p.341.

19. M.Heidegger, *Saggi e discorsi*, trad.it. a cura di G.Vattimo, Torino, Mursia, 1976, p.56.

20. M.Heidegger, *Sentieri interrotti*, trad.it., presentazione e traduzione di P.Chiodi, Firenze, La Nuova Italia, 1968, pp.84 (n.10) e 98 (n.10).

21. Ivi, pp.89-90.

22. Ivi, p.97 (n.9).

23. M.Heidegger, *Lettera sull'«umanismo»*, in Id., *Segnavia*, a cura di F.-W. von Herrmann, edizione italiana a cura di F.Volpi, Milano, Adelphi, 1987, p.275.

24. Ivi, p.277.

25. Ivi, pp.268-269.

26. Ivi, p.271.

27. Ivi, p.270.

28. Ivi, p.271.

29. Ivi, p.275.

30. Ivi, pp.270-271.

31. Ivi, p.268.

32.J.-L. Nancy, *L'«etica originaria» di Heidegger*, trad.it., Napoli, Cronopio, 1996, pp.14-16.

33. M.Heidegger, *La lettera sull'«umanismo»*, cit., p.283.

34. Ivi, p.295.

35. M.Foucault, *Le parole e le cose. Un'archeologia delle scienze umane*, trad.it., Milano, Rizzoli, 1967, pp.367-368.

36. Ivi, p.328.

37. Ivi, p.343.

38. Ivi, p.335

39. Ivi, pp.336-338.

40. Ivi, p.341.

41. Ivi, pp.242-243.

42. Ivi, p.347.

43. Ivi, p.345.

44. Ivi, p.353.

45. Ivi, p.333.

46. Ivi, p.366.

47. Ivi, p.361.

48. Ivi, p.367.

49. Il riferimento esplicito alla tradizione critica kantiana e la sintesi del senso dell'interrogazione sulla verità è in *Foucault,* in *Dictionnaire des philosophes*, Paris, PUF, 1984, pp.942-944 (ora in M.Foucault, *Dits et écrits.1954-1988,* édition établie sous la direction de D.Defert et F.Ewald, Paris, Gallimard, 1994, IV, pp.631-636); la redazione del testo, affidata ad Ewald, è attribuita a Foucault e porta la firma di «Maurice Florence», per la trasparente abbreviazione «M.F.». Cosí come per primo Kant, secondo Foucault, ha utilizzato il termine «archeologia» per designare «la storia di ciò che rende necessaria una certa forma di pensiero»; il richiamo è alla kantiana *Fortschritte der Metaphysik* (M.Foucault, *Les monstruosités de la critique*, in «Diacritics», I, n.1, 1971, ora in *Dits et écrits,* cit., II, p.221).

50. M.Foucault, *Introduction à l'anthropologie de Kant,* thèse complèmentaire pour le doctorat. Directeur d'études: J.Hyppolite, 1961, dattiloscritto inedito, disponibile presso il Fonds Michel Foucault dell'IMEC di Parigi (catalogato con la sigla D 60).

51 Cfr. *Archivio Foucault. 3. 1978-1985. Estetica dell'esistenza, etica, politica*, ed.it. a cura di A.Pandolfi, Milano, Feltrinelli, 1998, pp.217-232 e 253-261.

52. M.Foucault, *Illuminismo e critica*, trad.it. a cura di P.Napoli, Roma, Donzelli Editore, 1997, p.43.

53. Ivi, p.35.

54. Ivi, p.50.

55. Cfr. *I problemi della cultura. Un dibattito Foucault-Preti*, a cura di M.Dzieduskycki, in «Il bimestre», 22-23 sett.-dic. 1972, pp.1-4.

56. L'insopprimibilità dell'esigenza critica kantiana nella storia del pensiero fino a noi è cosí espressa a proposito di un commento a *La filosofia dell'Illuminismo* di Cassirer (M.Foucault, *Une histoire restée muette*, in «La Quinzaine littéraire», n.8, juillet 1966, ora in *Dits et écrits,* cit., I, pp.545-549).

57. Per la critica a un «mutismo fondamentale» che aprirebbe «la possibilità dell'espresso» e all'«apertura» di «una differenza piú fondamentale» che ricondurrebbe l'heideggerismo di stretta osservanza all'infinità di un principio generatore degli enunciati, rinviamo a M. Foucault, *L'archeologia del sapere*, trad.it., Milano, Rizzoli 1971, in part. pp.36 e 140.

58. M.Foucault, *Nietzsche, la genealogia, la storia*, trad.it. in Id., *Microfisica del potere*, ed.it. a cura di A.Fontana e P.Pasquino, Torino, Einaudi, 1977, pp.29-54.

59. M.Foucault, *L'archeologia del sapere*, cit., pp.86-87.

60. M.Foucault, *Due risposte sulla epistemologia. Archeologia delle scienze e critica della ragione storica*, ed.it., Milano, Lampugnani Nigri, 1971, pp.59-62.

61. M.Foucault, *Nascita della clinica*, trad.it. a cura di A.Fontana, Torino, Eiunaudi, 1969, p.10.

62. M.Foucault, *La vita: l'esperienza e la scienza*, Postfazione a G.Canguilhem, *Il normale e il patologico*, trad.it., introd. di M.Porro, Torino, Einaudi, 1998, pp.271-283.

63. M.Foucault, *Microfisica del potere*, cit., p.16.

64. Ivi, p.13.

65. Donna J.Haraway, *Manifesto Cyborg. Donne, tecnologie e biopolitiche del corpo*, trad.it., introd. di R.Braidotti, Milano, Feltrinelli, 1995.

Capitolo II

1. I.Kant, *Critica della ragion pura*, introduzione, traduzione e note di G.Colli, Torino, Einaudi, 1957, p.811.

2. I.Kant, *Opus postumum*, ed.it. a cura di V.Mathieu, Bari, Laterza 1984, p.379.

3. I.Kant, *Critica della ragion pratica*, trad.it. di F.Capra, Bari, Laterza (ed.VII), 1963, pp.152-153 («... nell'unione della ragion pura speculativa con la ragion pura pratica in una conoscenza, l'ultima tiene il *primato*, supposto cioè che tale unione non sia *contingente* e arbitraria, ma fondata *a priori* sulla ragione stessa e quindi *necessaria*... non si può pretendere dalla ragion pratica che essa sia subordinata alla ragion speculativa, e cosí inverta l'ordine; perché ogni interesse, infine, è pratico, e anche quello della ragione speculativa è soltanto condizionato e completo unicamente nell'uso pratico»). «L'interesse logico (di favorire le proprie conoscenze) non è mai immediato, ma presuppone l'intenzione del suo uso» (I.Kant, *Fondazione della metafisica dei costumi*, trad.it. in Id., *Scritti morali*, a cura di P.Chiodi, Torino, Utet, 1970, p.121, n.1).

4. I.Kant, *Logica*, trad.it. a cura di L.Amoroso, Bari, Laterza, 1984, p.19.

5. Cfr.P.Manganaro, *L'antropologia di Kant*, Napoli, Guida, 1983, p.43.

6. È ancora la tesi di Manganaro, esposta in *Kant e la ragione estranea*, premessa all'ed. it. di I.Kant, *Ragione e ipocondria*, Salerno, Edizioni 10/17, 1989, pp.16-17.

7. I.Kant, *Fondazione della metafisica dei costumi,* cit., p.44.

8. La progressiva promozione dell'*Antropologia* affiancata alle tre Critiche è tema del saggio di A.Renaut, *La place de l'*Anthropologie *dans la théorie kantienne du sujet*, in *L'année 1798. Kant et la naissance de l'anthropologie au siècle des Lumières*, sous la direction de J.Ferrari, Paris, Vrin, 1997, p.51.

9. I.Kant, *Antropologia dal punto di vista pragmatico*, trad.it. in Id., *Scritti morali*, cit., p.541.

10. Ivi, p.542.

11. Per il problema del rapporto tra interessi inferiori e interessi superiori delle facoltà e, piú in generale, per il tema dell'accordo tra le facoltà e delle loro trame multiple rinviamo alle analisi di G.Deleuze, *La filosofia critica di Kant. Dottrina delle facoltà*, trad.it. con un saggio introduttivo di E.M.Forni, Bologna, Cappelli, 1979.

12. I.Kant, *Antropologia dal punto di vista pragmatico*, cit., p.548.

13. Ivi, pp.550-551.

14. Ivi, p.707.

15. Ivi, p.552.

16. Ivi, p.553.

17. Ivi, pp.554-555, 562.

18. Ivi, pp.561-562

19. Ivi, p.564.

20. Ivi, p.565.

21. Ivi, p.564.

22. Ivi, p.617.

23. I.Kant, *Critica della ragion pura*, cit., p.203.

24. I.Kant, *Critica del giudizio*, trad.it. di A.Gargiulo, Bari, Laterza (ed.V), 1963, p.121.

25. A proposito della pur ampia critica kantiana del Novecento su questo tema il riferimento d'obbligo è al testo heideggeriano del 1929, *Kant e il problema della metafisica*, trad.it., introd. di V.Verra, Bari, Laterza, 1985.

26. I.Kant, *Antropologia dal punto di vista pragmatico*, cit., p.574.

27. Ivi, pp.588-590.

28. Ivi, p.598. «Il che però non può essere; almeno per noi è incomprensibile come il diverso possa esser derivato da una sola e stessa radice», continua il testo. È impossibile, per il pensiero finito, ricondurre i complessi vincoli della sensibilità e dell'intelletto a una qualche sintesi originaria o a una identità presupposta: «In quali oscurità si smarrisce la ragione umana se vuol scoprire, o anche solo indovinare, quale sia stata l'origine prima!» (Ivi, p.599).

29. Ivi, p.645.

30. Ivi, p.667.

31. Ivi, p.646. Al § 43 si richiama, a proposito delle idee, la funzione della ragione in quanto «facoltà di giudicare e di agire»: «Se l'intelletto è la facoltà delle regole, il giudizio la facoltà di scoprire il particolare in quanto cade sotto queste regole, la *ragione* è la facoltà di ricavare il particolare dal generale, quindi il rappresentarsi il particolare secondo principi e come necessario. Si può anche definirla la facoltà di *giudicare* e di *agire* (dal punto di vista pratico) secondo principi. In ogni giudizio morale (quindi anche in ogni giudizio concernente la religione) l'uomo ha bisogno della ragione e non può far ricorso a precetti e usi stabiliti. Le *idee* sono concetti della ragione che non hanno nell'esperienza alcun oggetto adeguato. Esse non sono né intuizioni (come quelle dello spazio e del tempo) né sentimenti (come vorrebbe la teoria della felicità), che cadono invece nel dominio della sensibilità, ma sono concetti di una perfezione a cui l'uomo può sempre avvicinarsi ma che non può mai raggiungere interamente» (Ivi, pp.620-621).

32. Ivi, pp.618-619.

33. Ivi, p.645. La virtú, tuttavia, si legge al §12, non va confusa con l'abilità (l'*habitus*), che, in quanto «abitudine» è solo una «necessità pratico-soggettiva» e un «meccanismo nell'utilizzazione delle forze». La «virtú è invece la *forza morale* nel compimento del proprio dovere, forza che non deve mai diventare abitudine, ma deve scaturire, nuova e originaria, dal modo di pensare» (Ivi, p.567).

34. Ivi, pp.645-646.

35. Ivi, pp.556-557.

36. Ivi, p.581.

37. La conoscenza antropologica è analisi della capacità dell'animo (*die Eigenmacht des Gemüts*) di padroneggiare lo stato delle rappresentazioni, dei sentimenti, dei desideri o delle passioni, e di controllarne l'uso o l'abuso (*Gebrauch oder Misshebrauch*). Il termine *Gemüt* è variamente usato come «coscienza» nella *Critica della ragion pura*; piú precisamente, in una lettera a Sömmering del 1795, Kant definisce il *Gemüt* come «la facoltà che sintetizza le rappresentazioni date e che produce l'unità dell'appercezione empirica (*animus*)» (R.Eisler, *Kant-Lexikon*, Hildesheim, Georg Olms Verlagsbuchhandlung, 1964, p.182).

38. Al *Sentimento del piacere e del dolore* è dedicato il Libro II della Didattica, con un chiaro riferimento ai temi della terza Critica; il Libro III pertiene alla *Facoltà di desiderare* o a quell'*appetitio* in quanto «autodeterminazione della forza di un soggetto mediante rappresentazione di qualcosa di futuro assunto come effetto di questa forza stessa» (I.Kant, *Antropologia dal punto di vista pragmatico*, cit., p.673) e piú direttamente coinvolge i temi della ragione pratica.

39. Ivi, p.652.

40. Ivi, pp.657-658.

41. «La ragione, quando si rappresenta il bene morale, può potenziare il volere... in questo caso essa non è l'effetto ma la causa dell'emozione che spinge al bene; la ragione qui tiene le briglie e suscita l'*entusiasmo* per i buoni propositi, il quale deve essere attribuito propriamente alla *facoltà di desiderare*, non all'emozione come sentimento sensibile piú forte» (Ivi, p.675-676); cosí come di fronte all'ansietà, all'angoscia, al terrore e allo spavento, la «padronanza dell'animo... li supera nella riflessione» ed «è il coraggio»: infatti il «coraggio in quanto emozione (appartenente, quindi, alla sensibilità) può essere suscitato anche dalla ragione e diviene cosí autentica fortezza (forza della virtú)» (Ivi, pp.678-679).

42. M.Foucault, *Introduction à l'anthropologie de Kant*, dattiloscritto inedito cit., p.53.

43. Se «la forza vitale non fosse stimolata durante il sonno dai sogni, si spegnerebbe e nel sonno piú profondo si andrebbe incontro alla morte... Il sogno è stato saggiamente disposto dalla natura per stimolare la forza vitale mediante emozioni che si riferiscono ad eventi arbitrariamente inventati» (I.Kant, *Antropologia dal punto di vista pragmatico*, cit., pp.596-597).

44. In questo potere di riequilibrio, ha commentato Foucault, il *Gemüt* è «maître de sa pensée» e al tempo stesso «maître de ce mouvement vital» (M.Foucault, *Introduction à l'anthropologie de Kant*, dattiloscritto inedito cit., p.36).

45. I.Kant, *Antropologia dal punto di vista pragmatico*, cit., p.660.

46. Ivi, p.564.

47. M.Foucault, *Introduction à l'anthropologie de Kant*, dattiloscritto inedito cit., p.85.

48. Ivi, p.118.

49. Ivi, pp.125-126.

50. Ivi, p.85.

51. Ivi, pp.60-61.

52. Il breve scritto, dal titolo *Von der Macht des Gemüts durch den blossen Vorsatz seiner krankhaften Gefühle Meister zu sein*, è sostanzialmente una risposta al testo di Christoph Wilhelm Hufeland, *Makrobiotik oder die Kunst das menschliche Leben zu verlängern* (Jena, 1796), che Kant aveva ricevuto nel marzo del 1797, poco prima di dare alle stampe la stesura definitiva dell'*Anthropologie*. Hufeland proponeva di trattare moralmente ciò che c'è di fisico nell'uomo e di mostrare quanto la cultura morale fosse indispensabile alla compiutezza fisica della natura umana.

53. I.Kant, *Del potere dell'animo di dominare col solo proposito le proprie sensazioni morbose*, in Id., *Il conflitto delle facoltà*, trad.it. a cura di D.Venturelli, Brescia, Morcelliana, 1994, p.186.

54. I.Kant, *Antropologia dal punto di vista pragmatico*, cit., p.702.

55. I.Kant, *Del potere dell'animo*, cit., pp.181-182.

56. I.Kant, *Antropologia dal punto di vista pragmatico*, cit., p.621.

57. I.Kant, *Critica della ragion pura*, cit., p.812, n.1.

58. I.Kant, *Risposta alla domanda: che cos'è l'Illuminismo?,* in Id., *Scritti politici e di filosofia della storia e del diritto*, con un saggio di C.Garve, tradotti da G.Solari e G.Vidari, edizione postuma a cura di N.Bobbio, L.Firpo, V.Mathieu, Torino, Utet (ed.III), 1995, p.142.

59. Ivi, p.147.

60. I.Kant, *Antropologia dal punto di vista pragmatico*, cit., p.744.

61. I.Kant, *Idea di una storia universale dal punto di vista cosmopolitico*, in Id., *Scritti politici*, cit.; si veda in particolare la Tesi Quarta, pp.127-128.

62. I Kant, *Antropologia dal punto di vista pragmatico*, cit., p.752.

63. Ivi, p.753.

64. Ivi, p.751.

65. Cfr.G.Deleuze, *op.cit.*, p.140.

66. Al contrario, secondo le tesi di Marquard, la filosofia della storia, in continuità con la metafisica del mentalismo moderno, associa il kantismo alla linea dell'astrattismo che l'antropologia filosofica novecentesca intenderebbe contrastare (O.Marquard, *Zur Geschichte*, cit., pp.128 sg.).

67. Su questi temi è inevitabile il rinvio ai commenti di J.-F.Lyotard, *L'entusiasmo. La critica kantiana della storia,* trad.it., Milano, Guerini e Associati, 1989.

68. I.Kant, *Se il genere umano sia in costante progresso verso il meglio*, in Id., *Scritti politici*, cit., in particolare pp.218-223.

69. J.-F.Lyotard, *op.cit.*, p.49.

70. I.Kant, *La religione nei limiti della semplice ragione*, in Id., *Scritti morali*, cit. (Parte Prima: *Della compresenza del principio del male accanto a quello del bene o del male radicale della natura umana*, pp.337 sg.)

Capitolo III

1. I.Kant, *Critica del giudizio*, cit., p.107.

2. J.-F.Lyotard, *op.cit.*, p.47.

3. M.Scheler, *La posizione dell'uomo nel cosmo*, traduzione italiana dall'edizione originale del 1928, a cura di G.Cusinato, Milano, FrancoAngeli, 2000, p.75.

4. M.Scheler, *Uomo e storia*, in Id., *Lo spirito del capitalismo e altri saggi*, ed.it. a cura di R.Racinaro, Napoli, Guida, 1988, p.258.

5. M.Scheler, *La posizione dell'uomo nel cosmo*, cit., p.75.

6. Ivi, p.77.

7. Ivi, p.138.

8. Ivi, p.132.

9. Ivi, pp.138-140.

10. Ivi, pp.132-135; si associano, nel giudizio critico, Buddha, Schopenhauer e la teoria dell'ultimo Freud.

11. Ivi, p.140.

12. M.Scheler, *Sull'idea dell'uomo* (1914), in Id., *La posizione dell'uomo nel cosmo e altri saggi*, trad.it. a cura di R.Padellaro, Milano, Fratelli Fabbri, 1970, p.110.

13. M.Scheler, *La posizione dell'uomo nel cosmo*, cit., pp.157-162.

14. Ivi, pp.80-81.

15. Ivi, pp.84-85.

16. Ivi, p.151. Decisivo per la ridefinizione del vivente, sottratto alla pura nomenclatura tassonomica, è stato, per la cultura del primo Novecento, il testo di J.von Uexküll, *Umwelt und Innewelt der Tiere* (Berlin, Springer, 1921), che teorizza la centralità del circolo organismo-ambiente, condizione della distinzione tra corpo-fisico (*Körper*) e corpo vissuto (*Leib*).

17. Ivi, p.100.

18. Ivi, p.106.

19. Ivi, p.103.

20. Ivi, pp.101-103.

21. In *Der Formalismus in der Ethik und die materiale Wertethik* (1913-1927) - nel periodo di intensa frequentazione di Husserl e del gruppo di Gottinga, ma anche di elaborazione dei temi filosofici che hanno accompagnato, fino al 1928, la maturazione del progetto antropologico, rimasto poi incompiuto - Scheler accoglie dalla fenomenologia husserliana il tema della intenzionalità, attribuendo alla intuizione eidetica un carattere emozionale ed affettivo: l'intuizione è un *vedere*, ma anche un *sentire* l'essenza. Del circolo noetico-noematico e dell'apriori materiale - che assegnano alla ricerca fenomenologica una indiscussa potenzialità critica nel quadro teorico dei primi decenni del Novecento - Scheler fa uso per ripen-

sare il senso dei «valori» e per formulare l'ipotesi di un'etica «materialistica» in polemica con il formalismo della morale kantiana. La critica a Kant investe, piú in generale, l'uso della sensibilità nella teoria della conoscenza e il permanere, secondo Scheler, di un dualismo tra sensi e intelletto, con l'effetto di una eccessiva potenza astraente delle sintesi categoriali. In coerenza con l'impostazione fenomenologica, e con gli esiti della biologia di inizio secolo - si è ricordata l'influenza su Scheler delle tesi di von Uexküll, ma si pensi agli sviluppi bio-medici e «patosofici» dei lavori di Viktor von Weizsäcker -, il sapere è la vita che esperisce il mondo ed esprime il legame primario organismo-ambiente. Il conoscere non è, dunque, un atto di tipo *sintetico* ma *selettivo* e la sensibilità è già sempre produzione di un ordine.

22. Ivi, p.109.

23. Ivi, p.122.

24. Ivi, pp.113-114.

25. Ivi, p.169. L'espressione anticipa Plessner ed è nelle conclusioni, al *Cap.VI. Sulla metafisica dell'uomo e sul rapporto fra metafisica e religione*. Per i rapporti, tesi e complessi, di Scheler con Plessner rinviamo alle osservazioni del curatore, G.Cusinato, *Saggio introduttivo: l'uomo nella tempesta che è il mondo*, in part. p.66.

26. Ivi, p.127.

27. Ivi, p.128.

28. Ivi, p.127.

29. Ivi, p.129.

30. Ivi, p.130.

31. Ivi, p.126. L'ambito della filosofia è il sapere essenziale, laddove il sapere pratico riguarda gli specifici ambiti di ricerca ed è scienza. La scienza è, cosí, estranea alla filosofia ed è inadatta ad orientare sia il sapere dell'essenza che il sapere della salvezza. Su questo punto ha insistito Walter Schulz, che richiama i tardi lavori sociologici di Scheler per segnalare la fondamentale divisione dei possibili tipi di sapere, il *sapere pratico* o *volto al dominio*, il *sapere essenziale* o *volto alla formazione*, il *sapere metafisico* o *volto alla salvezza* (W.Schulz, *Le nuove vie della filosofia contemporanea*, vol.III.*Corporeità*, trad.it., Genova, Marietti, 1988, in part. il cap.C.*L'epoca dell'antropologia non speculativa*, pp.130-131; si veda, per la tripartizione del sapere, lo scritto del 1928, *Philosophische Weltanschauung*, ora in M.Scheler, *Lo spirito del capitalismo e altri saggi*, cit., pp.245-255).

32. M.Scheler, *La posizione dell'uomo nel cosmo*, cit., p.110 (il corsivo è mio).

33. Ivi, pp.111-112.

34. Ivi, p.119; il riferimento non è all'affettività psicologica, ma all'apertura dell'intuizione eidetica in quanto *intuizione sentimentale*.

35. Ivi, pp.130, 144.

36. Ivi, p.130.

37. Ivi, p.136.

38. Ivi, p.137.

39. Ivi, p.174

40. Ivi, p.141.

41. Quella di una caduta dualistica e metafisica che dissocia spirito e vita è una tesi rimasta prevalente nella letteratura critica scheleriana, in continuità con il giudizio contemporaneo, del 1930, di E.Cassirer, *«Spirito» e «vita» nella filosofia contemporanea,* in Id., *Spirito e vita*, ed.it. a cura di R.Racinaro, Salerno, Edizioni 10/17, 1992, pp.99-134.

42. M.Scheler, *Sull'idea dell'uomo*, cit., p.110. Spirito e vita consentono di distinguere in Scheler le nozioni di cultura e civilizzazione - distinzione che sembra replicare quella tra moralità e cultura nella teoria kantiana della storia - e di ricondurre il sentimento del «sublime» alla «cultura spirituale».

43. *Ibidem*.

44. Ivi, p.109.

45. M.Scheler, *La posizione dell'uomo nel cosmo*, cit., p.147.

46. Ivi, p.167.

47. Ivi, p.168.

48. Ivi, p.174.

49. M.Horkheimer, *Considerazioni sull'antropologia filosofica,* cit., pp.198-99, 203.

50. L'opera, al centro di polemiche fino all'accusa del plagio del testo di Scheler, è annunciata, sia pure sotto altro titolo, nella Prefazione alle *Grenzen der Gemeinschaft* del 1924, come il completamento delle analisi estesiologiche di *Einheit der Sinne* (1923): «Sotto il titolo 'Pianta, animale, uomo - elementi di una cosmologia della forma vivente' dovremo sviluppare la teoria della percezione, nel cui contesto rientra l'esposizione dei principi dell'antropologia», laddove l'estesiologia è pervenuta «ad un'interpretazione in termini di senso dello strato valorialmente piú lontano della nostra esistenza, del nostro corpo organico e delle modalità della sensibilità» (H.Plessner, *I limiti della comunità. Per una critica del radicalismo sociale*, trad.it., a cura di B.Accarino, Roma-Bari, Laterza, 2001, p.5).

51. H.Plessner, *Die Stufen des Organischen und der Mensch. Einleitung in die philosophische Anthropologie* (1928), in Id., *Gesammelte Schriften*, hrgs. von Günther Dux, Odo Marquard, Elisabeth Ströker, Frankfurt am Main, Suhrkamp, 1980-1985, IV, p.31.

52. Ivi, pp.21-22.

53. Ivi, pp.361-362.

54. A proposito di una lettura ermeneutica dell'uomo come *ex-centrum* o «punto decentrato» e con espliciti riferimenti a una teoria della storia, si legge, ancora, in *Diesseits der Utopie* del 1966: «Il nostro mondo non ha piú un suo momento conclusivo. Il suo progredire non descrive piú un cerchio, ma una linea senza fine» (H.Plessner, *Al di qua dell'utopia*, trad.it., Genova, Marietti, 1974, p.193).

55. «L'unità non nasconde la duplicità, non la fa risultare da sé, non è il terzo che concilia l'opposizione... Essa è la frattura, lo iato, il vuoto passaggio della mediazione» (H.Plessner, *Die Stufen...*, cit., p.363).

56. L'estesiologia è «la scienza dei modi di sensibilizzazione dei contenuti spirituali e dei loro fondamenti. Essa mostra come a determinati conferimenti di senso siano necessari determinati materiali e non altri» (H.Plessner, *Die Einheit der Sinne. Grundlinien einer Ästhesiologie des Geistes* (1923), in Id., *Gesammelte Schriften*, cit., III, p.278).

57. Ivi, p.221.

58. Cfr. per l'analisi dei diversi livelli organici, in particolare, i capp.6 e 7 delle *Stufen*: *Die Sphäre des Tieres e Die Sphäre des Menschen* (*op.cit.*, pp.303-425).

59. H.Plessner, *Die Stufen...*, cit., p.184.

60. Sul rischio che il tema del possesso di sé possa assimilare Plessner alla «problematica idealistica fondamentale» ha insistito W.Schulz, *op.cit.*, p.143. In realtà la *exzentrische Position des Menschen* esclude il carattere ricompositivo e fondante dell'autocoscienza riflessiva, dal momento che l'esistenza, nel possedersi, si spossessa in una costitutiva condizione relazionale. «L'esistenza umana collettiva» - scriverà Plessner nel 1964 - «acquisisce il suo carattere istituzionale dal fatto che *ognuno esiste*, ma *non si possiede*; o piú precisamente si coglie come qualcuno solo per via indiretta, passando attraverso individui e altri oggetti. I reciproci rapporti sono la base e il sostegno di tutto ciò che ha vita» (H.Plessner, *Conditio Humana* (1964), trad.it. in *I Propilei. Grande storia universale*, Milano, Mondadori, 1967, I, p.74, il corsivo è mio)

61. H.Plessner, *Die Stufen*...cit., pp.230-231.

62. Ivi, p.233.

63. L'uomo esprime la massima complicazione della legge posizionale nel porsi come punto di fuga, come «io», nel «porsi alle proprie spalle» (Ivi, p.419). L'«io» sottrae paradossalmente all'egoismo: «La compattezza dell'atteggiamento che tutto riferisce a sé, viene, nel senso autentico del termine, crivellata. L'io è un'apertura verso il 'di dentro' - e perciò anche verso il 'di fuori'... Io sono nel punto zero, a partire dal quale tutto, anche il mio corpo, è 'là', piú o meno lontano. In virtú di tale riempimento del 'qui' io sperimento vitalmente il mio corpo come rivestimento, o me stesso in quello come in un fodero. In tal modo acquisisco una distanza rispetto a esso, che è risparmiata all'animale» (H.Plessner, *L'uomo come essere biologico* (1967), trad.it. in *Filosofi tedeschi d'oggi*, a cura di A.Babolin, Bologna, Il Mulino, 1967, p.366).

64. H.Plessner, *Die Stufen...*, cit., p.288.

65. Ivi, p.270.

66. Ivi, pp.191 sgg.

67. Ivi, pp.383 sgg.

68. Il problema della politica e della sfera pubblica, complessivamente della ridefinizione del potere, nella Germania degli anni Venti, rimane l'ispirazione che precede e orienta la stessa riflessione antropologica (cfr. B.Accarino, *Le ragioni del mondo. L'anti-comunitarismo di Helmuth Plessner*, Postfazione a H.Plessner, *I limiti della comunità*, cit., pp.137 sgg.; ma si legga anche R.Kramme, *Antropologia politica. L'immagine antropologica della società in Helmuth Plessner*, in *Ratio imaginis. Uomo e mondo nell'antropologia filosofica*, a cura di B.Accarino, Firenze, Ponte alle Grazie, 1991, pp.93 sgg.).

69. Efficace su questi temi è lo studio di S.Giammusso, *Potere e comprendere. La questione dell'esperienza storica e l'opera di Helmuth Plessner,* Milano, Guerini e Associati, 1995.

70. H.Plessner, *Il riso e il piano. Una ricerca sui limiti del comportamento umano,* trad.it. e introd. di Vallori Rasini, Milano, Bompiani, 2000, p.112.

71. Il riferimento è esplicitamente a Dilthey, che ha avuto il merito, secondo Plessner, di dissolvere il «tipo 'uomo'» nella «corrente della storia». Questa è «un processo infinito, senza un'epoca centrale o un personaggio di particolare rilievo. La persona umana, plasmata dal classicismo greco e dalla tradizione cristiana, è uno fra i tanti 'personaggi' in cui la vita - non il modo di essere - si esprime» (H.Plessner, *Al di qua dell'utopia*, cit., p.193).

72. Sul tentativo in Plessner, per altri versi fallito, di una critica all'antropologia e sull'opportunità di una domanda sul «noi» nella prospettiva di una «filosofia della storia come ermeneutica pratica» si veda S.Giammusso, *op.cit.*, pp.216 sgg.

73. A.Gehlen, *L'uomo. La sua natura e il suo posto nel mondo*, trad.it., introd. di K.S.Rehberg, Milano, Feltrinelli, 1983, p.40.

74. Ivi, p.41.

75. Ivi, p.83. Cosí in un saggio del '61: «Nell'uomo non ci sono delle pulsioni 'univoche', delimitabili attraverso l'esperienza, ma dobbiamo piuttosto parlare di una *dedifferenziazione*, di uno sfumarsi dei contorni; c'è qualcosa come uno 'sbriciolamento' delle classi di istinti che negli animali sono esattamente definite» (A.Gehlen, *Sulla reattività istintiva alle percezioni*, in Id., *Antropologia filosofica e teoria dell'azione*, trad.it.a cura di E.Mazzarella, prefazione di K.S.Rehberg, Napoli, Guida, 1990, p.228).

76. A.Gehlen, *L'uomo...*, cit., p.78.

77. Ivi, p.46. L'uomo «è determinato in linea fondamentale da una serie di *carenze*, le quali di volta in volta vanno definite nel preciso senso biologico di inadattamenti, non specializzazioni, primitivismi, cioè di carenze di sviluppo» (Ivi, p.60).

78. «L'uomo è l'essere che agisce... egli non è 'definito', è cioè ancora compito a se medesimo; è, come si può anche dire, l'essere che prende posizione. Gli atti del suo prender posizione verso l'esterno chiamiamo azioni, e, proprio perché egli è anche compito a se medesimo, prende posizione verso se stesso e 'fa di se stesso qualcosa'» (Ivi, p.58).

79. L'uomo è «un essere che ritrova in sé un *compito*, e proprio per questo ha bisogno di un'interpretazione di se stesso... la natura ha destinato all'uomo una posizione particolare... ha voluto creare un principio di organizzazione nuovo; proprio di questo principio è che l'uomo, nella sua mera esistenza, trovi dinanzi a sé un compito, che la sua esistenza diventi il suo proprio compito» (Ivi, p.43).

80. Ivi, p.200.

81. All'esame del linguaggio è dedicata una larga sezione della Parte II di *Der Mensch* (Ivi, pp.163 sgg.).

82. «Se per tecnica si intendono le capacità e i mezzi con cui l'uomo mette la natura al suo servizio in quanto ne conosce proprietà e leggi, le sfrutta e le con-

trappone le une alle altre, allora la tecnica, in questo senso piú generale, è insita già nell'essenza stessa dell'uomo» (A.Gehlen, *L'uomo nell'era della tecnica*, trad.it., prefazione di A.Negri, Milano, SugarCo, 1984, p.12).

83.A.Gehlen, *L'uomo...*, cit., pp.63, 89 sgg.

84. Su una dimensione etica implicita, per Gehlen, nella natura dell'uomo come «essere disciplinato» e sul paradosso di un programma etico fondato su un determinismo biologico ha insistito Lepenies nel contesto di un confronto con Habermas (W.Lepenies-H.Nolte, *Critica dell'antropologia. Marx e Freud, Gehlen e Habermas sull'aggressività*, trad.it., Milano, Feltrinelli, 1978, pp.85-86).

85. L'«incompiutezza» non è, per l'uomo, un «lusso superfluo», ma «appartiene alle sue condizioni fisiche, alla sua natura, e sotto questo profilo l'uomo è un essere cui inerisce la *disciplina (Zucht)*: autodisciplina, educazione, 'disciplinamento' *(Züchtung)*, nel duplice senso di acquisizione e mantenimento di una forma, sono tra le condizioni di esistenza di un essere non definito» (A.Gehlen, *L'uomo...*, cit., p.58).

86. Ivi, p.78.

87. Ivi, p.59.

88. A.Gehlen, *Sulla nascita della libertà dall'estraneazione*, in Id., *Antropologia filosofica e teoria dell'azione*, cit., pp.425 sgg.

89. A.Gehlen, *L'uomo delle origini e la tarda cultura. Testi e risultati filosofici*, trad.it., prefazione di R.Madera, Milano, Il Saggiatore, 1994.

90. J.Habermas, *Antropologia*, cit., pp.35-37. Di Habermas si veda anche, nel contesto di una interrogazione sul destino dell'«istituzionalismo di Hegel *dopo* Hegel», la piú recente critica a Gehlen: «Nel carattere... incondizionato di validità delle norme obbliganti egli non sa scorgere alcuna traccia di ragione, ma soltanto quella promessa di stabilità emanata dalla violenza simbolica delle istituzioni e delle idee dominanti» (J.Habermas, *Tempo di passaggi*, ed.it. a cura di L.Ceppa, Milano, Feltrinelli, 2004, p.50). Secondo Lepenies Habermas non sfugge, per le sue teorie dell'agire strumentale e dell'agire comunicativo, all'ipotesi di fondare antropologicamente la teoria sociologica, opponendo una «*giusta* antropologia» alle «*false* premesse delle tesi tecnocratiche», sicché «l'argomentazione di Habermas non si distingue perciò piú da tentativi, come quello di Arnold Gehlen, di fornire una teoria delle istituzioni della società presente sulla base di un'antropologia del dopostoria» (W.Lepenies-H.Nolte, *op.cit.*, pp.91-94). Allo stesso modo la critica di Apel potrebbe configurarsi come un approfondimento della fondazione antropologica: le analisi di Gehlen dell'*Urmensch und Spätkultur* non avrebbero adeguatamente compreso fino in fondo l'«*ethos* della reciprocità connesso al linguaggio», che, in una terza fase «post-convenzionale dell'evoluzione culturale», riconoscerebbe il valore metaistituzionale del linguaggio stesso (K.-O.Apel, *La morale delle istituzioni come alternativa alla morale della ragione? Sulla dottrina morale di Arnold Gehlen*, in *L'uomo, un progetto incompiuto. Vol.2. Antropologia filosofica e contemporaneità*, a cura di A.Gualandi, «Discipline filosofiche», XIII, 1, Macerata, Quodlibet, 2003, pp.115-122).

91. A.Gehlen, *L'uomo nell'era della tecnica*, cit., p.12; cfr. anche *La tecnica vista dall'antropologia*, in Id., *Prospettive antropologiche. Per l'incontro con se*

stesso e la scoperta di sé da parte dell'uomo, trad.it., presentazione di G.Poggi, Bologna, Il Mulino, 1987, pp.127 sgg.

92. A.Gehlen, *L'uomo nell'era della tecnica*, cit., pp.10-12.

93. *Ueber Kulturelle Kristallisation* è il titolo di un saggio di Gehlen del 1961, poi ripreso nelle *Studien zur Anthropologie und Soziologie* del 1963, ora in traduzione italiana, *Della cristallizzazione culturale*, nel volume *Il mondo di domani*, a cura di P.Prini, Roma, Abete 1964, pp.489-494.

94. Dal *Traité de l'enchainement des idées fondamentales dans les sciences et dans l'histoire* del 1861.

95. Per il tema gehleriano del *post-histoire* o della «secolarizzazione del progresso» come «secolarizzazione 'alla seconda potenza', successiva alla 'prima secolarizzazione'» rinviamo a G.Marramao, *Cielo e terra. Genealogia della secolarizzazione,* Roma-Bari, Laterza, 1994, pp.148 sgg.

96. A.Gehlen, *La secolarizzazione del progresso*, trad.it. in «Discipline filosofiche», XI, 1, Macerata, Quodlibet, 2001, pp.177-178.

97. A.Gehlen, *L'uomo nell'era della tecnica*, cit., p.89.

98. Ivi, p.87.

99. A.Gehlen, *Morale e ipermorale. Un'etica pluralistica*, trad.it. a cura di U.Fadini, Verona, Ombre corte, 2001.

100. La notazione è di U.Fadini, *L'esperienza della plasticità. Su un registro della riflessione di Arnold Gehlen*, in *Ratio imaginis. Uomo e mondo nell'antropologia filosofica*, cit., p.121; si veda di Fadini, per una considerazione complessiva del contributo di Gehlen, *Il corpo imprevisto. Filosofia, antropologia e tecnica in Arnold Gehlen,* Milano, Franco Angeli, 1988.

101. A.Gehlen, *L'uomo nell'era della tecnica*, cit., p.89 e *L'immagine dell'uomo alla luce dell'antropologia moderna*, in Id., *Antropologia filosofica e teoria dell'azione*, cit., pp.182-184.

102. A.Gehlen, *Quadri d'epoca. Sociologia e estetica della pittura moderna*, trad.it. a cura di G.Carchia, Napoli, Guida, 1989, p.124.

103. Ivi, p.141.

104. B.Accarino, *Tra libertà e decisione: alle origini dell'antropologia filosofica*, *Introduzione* a *Ratio imaginis*, cit., p.37.

105. Cfr. Th.W.Adorno-A.Gehlen, *La sociologia è una scienza dell'uomo? Una disputa*, trad.it. in «Linea d'ombra», n.33, 1988, in part. pp.58-60.

106. *Dibattito di Davos tra Ernst Cassirer e Martin Heidegger*, *Appendice II* a M.Heidegger, *Kant e il problema della metafisica*, cit., p.232.

107. Cfr.G.Agamben, *L'aperto. L'uomo e l'animale*, Torino, Bollati Boringhieri, 2002.

108. G.Agamben, *Homo sacer*, Torino, Einaudi, 1995; sul tema della «relazione di bando» e sulle tesi che assimilano la storia dell'Occidente alla storia dell'«abbandono» si veda anche J.L.Nancy, *L'Impératif catégorique*, Paris, Flammarion, 1983 (parzialmente tradotto in Id., *L'essere abbandonato*, Macerata, Quodlibet, 1995).

109. A proposito delle implicazioni della tanatopolitica nella biopolitica, per un efficace ripensamento del lessico biopolitico dopo i totalitarismi del Novecento e, piú in generale, della semantica della vita e del potere, si rinvia al volume di R.Esposito, *Bios. Biopolitica e filosofia*, Torino, Einaudi, 2004.

110. G.Agamben, *L'aperto*, cit., p.82.

111. M.Foucault, *Introduction à l'anthropologie de Kant*, dattiloscritto inedito cit., p.125.

112. Ivi, p.120 (il corsivo è mio).

113. Ivi, p.121.

114. Ivi, p.122.

115. Ivi, p.124.

116. Ivi, p.126.

117. Ivi, p.128.

Capitolo IV

1. M.Foucault, *Une histoire restée muette*, cit., p.548.

2. *Dibattito di Davos tra Ernst Cassirer e Martin Heidegger*, cit., p.235.

3. Che il lavoro sulle forme simboliche dovesse a pieno titolo inserirsi nel dibattito dell'antropologia filosofica è confermato da Cassirer nella Prefazione del 1929 al III volume di *Philosophie der symbolischen Formen. Phänomenologie der Erkenntnis*, che richiama il piano originario del testo e l'ipotesi di una sezione conclusiva, mai scritta, sui rapporti tra la filosofia contemporanea e la proposta della filosofia delle forme simboliche: «La parte critica, che avrebbe dovuto concludere questo volume, sarà riservata a una futura pubblicazione speciale... sotto il titolo : 'Vita' e 'Spirito': critica della filosofia contemporanea» (E.Cassirer, *Filosofia delle forme simboliche*, vol.III, 1, *Fenomenologia della conoscenza*, trad.it., Firenze, La Nuova Italia, 1966, pp.XV-XVI). Ne sarà la sintesi, nel 1930, il breve saggio *'Geist' und 'Leben' in der Philosophie der Gegenwart* (trad.it. in E.Cassirer, *Spirito e vita*, a cura di R.Racinaro, cit.)

4. E.Cassirer, *Saggio sull'uomo,* trad.it., introduzione di L.Lugarini, Roma, Armando Editore, 1969, p.77.

5. Ivi, p.79.

6. Ivi, p.368.

7. Ivi, p.234.

8. Ivi, p.144.

9. E.Cassirer, *Filosofia delle forme simboliche*, III,1, cit., 67.

10. E.Cassirer, *Linguaggio e mito*, trad.it., Milano, Il Saggiatore, 1961, p.16.

11. E.Cassirer, *Saggio sull'uomo*, cit., p.81.

12. E.Cassirer, *Filosofia delle forme simboliche*, III,1, cit., p.53.

13. E.Cassirer, *Filosofia delle forme simboliche*, II, *Il pensiero mitico*, trad.it., Firenze, La Nuova Italia, 1964, pp.302-303.

14. E.Cassirer, *Filosofia delle forme simboliche*, III,1, cit., p.3.

15. Ivi, p.22.

16. Ivi, p.XI.

17. Ivi, p.18.

18. *Dibattito di Davos tra Ernst Cassirer e Martin Heidegger*, cit., p.220.

19. All'analisi delle tre funzioni sono dedicate le tre sezioni del III volume della *Filosofia delle forme simboliche*, rispettivamente *Funzione espressiva e mondo espressivo, Il problema della rappresentazione e la struttura del mondo intuitivo*, e *La funzione significativa e la struttura della conoscenza scientifica.*

20. E.Cassirer, *Filosofia delle forme simboliche*, III, 1, cit., p.102.

21. Ivi, p.24.

22. E.Cassirer, *Linguaggio e mito*, cit., p.91.

23. Ivi, p.43.

24. J.Habermas, *Tempo di passaggi*, cit., p.46.

25. E.Cassirer, *Filosofia delle forme simboliche*, II, cit., pp.XIV-XV.

26. Ivi, pp.XV-XVI.

27. Ivi, p.43.

28. Ivi, pp.51-53.

29. Ivi, pp.52-53; il «mondo mitico non è 'concreto' in quanto abbia da fare solo con contenuti sensibili-oggettivi ed escluda e respinga tutti gli elementi semplicemente 'astratti', tutto ciò che è soltanto significato e simbolo; lo è invece per il fatto che i due elementi, l'elemento cosa e l'elemento significato si risolvono e si confondono l'uno nell'altro, essendosi qui sviluppati insieme, 'concresciuti' in un'unità immediata» (pp.36-37).

30. Ivi, pp.107 sgg.

31. Ivi, pp.36-37.

32. Ivi, p.109.

33. Le tesi di Cassirer sul pensiero mitico sono, in questo contesto, vicine alla teoria del pensiero «partecipativo» e richiamano esplicitamente il «pre-logico» e la «legge mitica di 'partecipazione'» di Lucien Lévy-Bruhl (Ivi, p.95; riferimenti a *Les Fonctions mentales dans les sociétés inférieures* e a *La Mentalité primitive* sono anche alle pp. 54 sgg.). L'assimilazione del «pre-logico» e del «simbolico» spiega l'estensione d'uso della strutturazione simbolica al mondo dell'arte e del linguaggio (E.Cassirer, *Sulla logica delle scienze della cultura*, trad.it., introd. e cura di M.Maggi, Firenze, La Nuova Italia, 1979, p.16). Tuttavia, negli anni dell'ascesa dei regimi totalitari e della forte degradazione della funzione mitologica, Cassirer approfondisce l'ambiguità del mito e riformula la difficile soglia di confronto del simbolismo con il pensiero «partecipativo» (cfr.E.Cassirer, *Il mito dello Stato*, trad.it., Milano, Longanesi, 1971, pp.34 sgg.), suggerendo importanti riflessioni sugli esiti dissolutivi e contraddittoriamente identitari di un pensiero che, per certi aspetti, resta *asimbolico* (ma sul rischio di una mentalità «sostanzialistica»

del pensiero pre-logico si veda già *Filosofia delle forme simboliche,* II, cit. pp.232-233, n.1. Sull'alternanza di dissoluzione e identificazione nel pensiero «partecipativo» ci si consenta di rinviare al nostro *Lévy-Bruhl. La différence et l'archaïque*, Paris, L'Harmattan, 2000).

34. E.Cassirer, *Filosofia delle forme simboliche*, II, cit., pp.93-94.

35. Ivi, p.77.

36. Ivi, p.69.

37. Al concetto di *mana* si addice lo straordinario, l'insolito, il non-comune, ciò che «contrappone al piano dell'esistenza di tutti i giorni e di ciò che avviene nelle maniere usuali un altro piano nettamente distinto», il piano di una «particolare 'fluidità'», di «un confondersi e... un convertirsi reciproco di determinazioni» (Ivi, pp.112-113). Si è giunti, cosí, «a considerare perfino l'idea del *mana* come una *categoria* del pensiero mitico-religioso, anzi come 'la' categoria religiosa originaria» (Ivi, p.111; il riferimento esplicito è all'*Esquisse d'une théorie générale de la magie* di Marcel Mauss).

38. Ivi, p.219.

39. Esemplare, in proposito, e sicura fonte di Cassirer, è l'ambiente culturale dell'*Ecole sociologique*, dove gli studi di linguistica orientavano, in particolare, le analisi teoriche, sociologiche ed etno-antropologiche di Marcel Mauss, ricerche che testimoniano frequenti scambi con Antoine Meillet, allievo di Saussure, e che indubbiamente preparano la matura stagione strutturalista di Claude Lévi-Strauss.

40. E.Cassirer, *Lo strutturalismo nella linguistica moderna*, trad.it. a cura di S.Veca, Napoli, Guida, 1970, p.63.

41. E.Cassirer, *Saggio sull'uomo*, cit., pp.220 sgg.

42. Cosí Deleuze riassume il senso della rottura epistemologica e teorica dello strutturalismo, contrastando le riduzioni sistemiche e tecnocratiche degli anni Sessanta e Settanta (G.Deleuze, *Da che cosa si riconosce lo strutturalismo*, in *La filosofia del XX secolo*, vol.III della *Storia della filosofia*, a cura di F.Châtelet, trad.it., Milano, Rizzoli, 1976, pp.194-216).

43. E.Cassirer, *Sostanza e funzione. Sulla teoria della relatività di Einstein*, trad.it., Firenze, La Nuova Italia, 1973.

44. E.Cassirer, *Filosofia delle forme simboliche*, II, cit., p.20.

45. «L'infinità non è soltanto una determinazione privativa» - rispondeva ad Heidegger -, «nell'infinità non si costituisce soltanto un contrasto alla finitezza, ma, proprio, in un certo senso, la totalità del compimento della finitezza stessa» (*Dibattito di Davos tra Ernst Cassirer e Martin Heidegger*, cit., pp.228-229).

46. E.Cassirer, *Saggio sull'uomo*, cit., p.147. «Al posto dell'unità dell'oggetto è qui subentrata l'*unità della funzione*... Da *questo* punto di vista una 'filosofia delle forme simboliche' può mantenere quell'esigenza di unità e universalità posta dalla metafisica in forma necessariamente dommatica» (E.Cassirer, *Sulla logica delle scienze della cultura*, cit., p.17).

47. E.Cassirer, *Saggio sull'uomo,* cit., p.401. Sull'assimilabilità dell'«analisi della struttura» e dell'«analisi della forma» si veda anche *Sulla logica delle scienze della cultura*, cit., pp.89-90.

48. Su questi temi e sulla vicinanza ad Hegel rinviamo alle raffinate analisi di G.Piana, *La notte dei lampi. Quattro saggi sulla filosofia dell'immaginazione*, Milano, Guerini e Associati, 1988, in part. cap.II. *L'immaginazione sacra. Saggio su Ernst Cassirer*, pp.75 sgg.

49. E.Cassirer, *Filosofia delle forme simboliche*, II, cit., p.40.

50. Ivi, p.39 (il corsivo è mio).

51. Ivi, p.94.

52. Ivi, p.97.

Capitolo V

1. M.Foucault, *Le parole e le cose*, cit., pp.367-368.

2. *L'Ame primitive* è un testo del 1927 e la discussione sul tema, tenuta da Lévy-Bruhl alla Société française de philosophie, è del 1929 (*L'Ame primitive*, in «Bulletin de la Société française de philosophie», XXIX, seduta del 1° giugno 1929, pp.105-139).

3. L.Lévy-Bruhl, *L'anima primitiva*, trad.it., prefazione di E.De Martino, Torino, Boringhieri, 1990, p.25. L'adozione del prefisso, come per il pre-logico e per la pre-nozione, intende alludere, per Lévy-Bruhl, a una realtà piú dilatata e complessa, adatta a costituire un riferimento di sospensione dell'identità fissata nella categoria riflessiva del soggettivo.

4. L.Lévy-Bruhl, *I quaderni*, trad.it., prefazione di E.De Martino, Torino, Einaudi, 1952, pp.68-69.

5. L.Lévy-Bruhl, *L'anima primitiva*, cit., p.21.

6. Ivi, p.127; *L'Ame primitive*, in «Bulletin...»,cit., pp.116-117.

7. L.Lévy-Bruhl, *I quaderni*, cit., p.141.

8. Ivi, p.216.

9. Ivi, p.141.

10. L.Lévy-Bruhl, *L'anima primitiva*, cit., p.128.

11. Il nucleo è il dato sensibile, lo strato è l'alone, «piú o meno spesso», che è il sovrasensibile o la forza (L.Lévy-Bruhl, *Psiche e società primitive,* trad.it., introduzione di S.Lener, Roma, Newton Compton, 1970, p.69).

12. L.Lévy-Bruhl, *L'anima primitiva*, cit., p.129.

13. Ivi, p.130.

14. Ivi, p.131; *L'Ame primitive*, in «Bulletin...», cit., p.106.

15. L.Lévy-Bruhl, *L'anima primitiva*, cit., p.131.

16. Ivi, p.133.

17. Ivi, pp.154-155.

18. Ivi, p.145.

19. Ivi, p.173.

20. Ivi, p.174.

21. Ivi, pp.228 sgg.; *L'Ame primitive*, in «Bulletin...», cit., p.106.

22. L'espressione è di C.Bougle, *Bilan de la sociologie française contemporaine*, Paris, Alcan, 1935.

23. Sono temi insistenti nei testi che Lévy-Bruhl elabora negli anni Trenta, in particolare in *La Mythologie primitive*, Paris, Alcan, 1935 e in *L'Expérience mystique et les symboles chez les primitifs*, Paris, Alcan, 1938.

24. L.Lévy-Bruhl, *L'anima primitiva*, cit., p.30.

25. L.Lévy-Bruhl, *L'Ame primitive*, in «Bulletin...», cit., pp.124 sgg.

26. L.Lévy-Brhul, *L'Expérience mystique...*, cit., pp.174-175.

27. La rappresentazione e la oggettivazione simbolica nascono quando la partecipazione non è piú semplicemente vissuta e lo è, senza spegnersi del tutto, «con una intensità decrescente» (Ivi, p.172).

28. M.Mauss, *Lévy-Bruhl sociologue*, in «Revue philosophique», CXXVII, 1939, 3, p.252; Id., *Lucien Lévy-Bruhl, 1857-1939*, in «Annales de l'Université de Paris», XIV, 1939, ora in Id., *Oeuvres,* a cura di V.Karady, Paris, Minuit, 1968-1969, III, p.563.

29. M.Mauss, *Rapporti reali e pratici tra la psicologia e la sociologia* (1924), in *Teoria generale della magia e altri saggi,* con una *Introduzione all'opera di Marcel Mauss* di C.Lévi-Strauss, trad.it., presentazione di E.De Martino, Torino, Einaudi, 1965, p.298.

30. M.Mauss, *L'Ame, le nome et la personne* (1929), in Id., *Oeuvres*, cit., II, pp.131 sgg.

31. M.Mauss, *Una categoria dello spirito umano: la nozione di persona, quella di «io»* (1938), in *Teoria generale della magia...*, cit., p.353.

32. Ivi, p.381.

33. Ivi, p.380.

34. Ivi, p.354.

35. Ivi, p.361.

36. Ivi, p.358.

37. Ivi, pp.360-361.

38. Ivi, pp.362-363.

39. Ivi, p.365.

40. *Ibidem.*

41. Ivi, p.356. Per la nozione di *mana* assimilata alle «differenze di potenziale» si veda di Mauss il *Saggio di una teoria generale della magia* (1902-1903), in *Teoria generale della magia...*, cit., p.123.

42. M.Mauss, *Una categoria dello spirito umano*, cit., p.369; il testo sembra suggerire, riferendo un colloquio con Benveniste, che il greco *prosopon* condivi-

de la radice di *perso*, voce verbale di *perto*, che vuol dire «distruggo», «anniento».

43. M.Mauss, *Le tecniche del corpo* (1934), in *Teoria generale della magia...*, cit., p.393.

44. Ivi, p.407.

45. Per la nozione di *mana* associata al «significante fluttuante», al «valore simbolico zero», e dunque al quadro teorico della semiosi e del linguaggio, rinviamo a C.Lévi-Strauss, *Introduzione all'opera di Marcel Mauss*, cit., p.LII.

46. M.Mauss, *Le tecniche del corpo*, cit., p.392.

47. M.Mauss, *Manuale di etnografia*, trad.it., Milano, Jaca Book, 1969, p.77.

48. Ivi, p.25.

49. Ivi, pp.77-78.

50. Ivi, p.85.

51. Ivi, p.87.

52. Ivi, p.100.

53. Una trasformazione storica si annuncia, secondo Marcel Mauss, dall'interno delle esistenze reali e degli eventi che si aprono alla vita e all'analisi: una *disposition moléculaire* sorregge la consapevolezza teorica e pratica di ciascuno all'interno di una complessità sociale che sfugge a ogni politica di piano (M.Mauss, *L'Azione socialista* (1899), in *I fondamenti di un'antropologia storica*, ed.it., a cura di R.Di Donato, Torino, Einaudi, 1998, pp.87 sgg, in part. p.95; per la discussione sul nesso tra gli studi etno-antropologici sulle forme del pensiero arcaico e la dimensione etico-politica in Mauss rinviamo al nostro *Marcel Mauss e il pensiero delle origini*, Napoli, Guida, 1984, in part. ai capp. *Le origini e i fenomeni* e *L'action socialiste*, pp.15-37).

54. G.Canguilhem, *La conoscenza della vita*, trad.it., Bologna, Il Mulino, 1976, pp.118-119.

55. Cfr.R.Bodei, *Dissolution of the Subject in Nineteenth Century Culture*, in R.Bodei, G.Cantillo, A.Ferrara, V.Gessa Kurotschka, S.Maffettone (a cura di), *Ricostruzione della soggettività*, Napoli, Liguori Editore, 2004, pp.255 sgg.; e soprattutto, dello stesso autore, *Destini personali. L'età della colonizzazione delle coscienze*, Milano, Feltrinelli, 2002, in part. I, 4, *Il baricentro di Nietzsche*, pp.83 sgg.

56. J.Monod, *Il caso e la necessità. Saggio sulla filosofia naturale della biologia contemporanea,* trad.it., Milano, Mondadori, 1970.

57. J.Prigogine, *La nuova alleanza. Metamorfosi della scienza*, ed.it. a cura di P.D.Napolitani, Torino, Einaudi, 1981; *La nascita del tempo* è il titolo del volume che raccoglie i testi di una conversazione e di due conferenze tenute da Prigogine in Italia (Roma-Napoli, Edizioni Theoria, 1988).

58. L'affiancarsi al *vissuto* della «perdita», proprio dell'attuale drammatico senso del *repentino*, del quadro rassicurante di un «*tempo* che è *senso* del mutamento» o di una *irreversibilità non involutiva*, suggerita dalla piú recente epistemologia, dà ragione di una diagnosi del nostro tempo come «spettacolare strabismo epocale» (A.Masullo, *Il tempo e la grazia*, Roma, Donzelli Editore, 1995; Id.,

Il medio infranto e l'estasi della contingenza, in *Crisi della ragione e prospettive della filosofia*, Quaderni dell'Istituto di Filosofia, Napoli, ESI, 1986).

59. Per una ricca discussione del problema e per il bisogno di riattivare la complessità e l'eccedenza soggettiva si vedano gli studi di S.Moravia, *L'enigma della mente*, Roma-Bari, Laterza, 1986 e *L'enigma dell'esistenza. Soggetto, morale, passioni nell'età del disincanto*, Milano, Feltrinelli, 1996.

60. D.J.Haraway, *Manifesto Cyborg. Donne, tcnologie e biopolitiche del corpo*, cit., pp.39-101.

61. Sulla esteriorizzazione del sé e sulle forme di un «pensiero della veste», e di una «libidine indumentale», nell'orizzonte del post-umanesimo, si veda M.Perniola, *Il sex appeal dell'inorganico*, Torino, Einaudi, 1994.

62. Un sicuro riferimento, per questo contesto, restano le tesi di Deleuze a proposito del divenire-animale, di un'apertura zoomorfica dell'umano indicativa di flussi ibridativi e larga metafora di una molteplicità dirompente (G.Deleuze, F.Guattari, *Mille piani. Capitalismo e schizofrenia*, Roma, Istituto Enciclopedia Italiana, 1987); l'«ecofilosofia» di Deleuze e Guattari sarebbe compatibile con quella «frontiera» che «aspira a processi di divenire affermativi e non dissipativi», secondo R. Braidotti, *Meta(l)morfosi*, in M.Fimiani, V.Gessa Kurotschka, E.Pulcini (a cura di), *Umano, Post-umano. Potere, sapere, etica nell'età globale*, Roma, Editori Riuniti, 2004, pp.79 sgg.

63. M.De Carolis, *La vita nell'epoca della sua riproducibilità tecnica*, Torino, Bollati Boringhieri, 2004.

64. R.Esposito, *Bios. Biopolitica e filosofia*, cit., pp.174 sgg.

65. Il passaggio «dalla 'natura' dell'uomo come snaturamento in lui della 'natura' intera» o l'«apertura di uno spazio vuoto in cui si (ri)gioca l'infinita 'creazione' del mondo» è l'evento segnato «dall'arci-tecnica, ossia dalla produzione del pro-duttore, o dall'ex-posizione dell'ex-posto» (J.-L.Nancy, *La creazione del mondo o la mondializzazione*, trad.it., Torino, Einaudi, 2003, pp.86-87).

66. J.-L.Nancy, *Corpus*, trad.it. a cura di A.Moscati, Napoli, Cronopio, 1995, pp.14-16.

67. Ivi, pp.22-23.

68. Ancora di J.-L.Nancy è il breve scritto *L'intruso* (trad.it. a cura di V.Piazza, Napoli, Cronopio, 2000), testimonianza di una esperienza personale di trapianto e singolare «biografia filosofica», dove l'«intruso» è l'elemento dell'«esposizione» e dell' «estraneità del soggetto a se stesso», della «condivisione» di ciò che resta «rigorosamente incondivisibile».

69. Ivi, p.45.

70. Ivi, p.74.

71. Ivi, p.73.

72. J.-L.Nancy, *La creazione del mondo o la mondializzazione*, cit., pp.114-115.

73. Ivi, p.38.

74. Ivi, pp.113 sgg.

75. R.Bodei, *Destini personali. L'età della colonizzazione delle coscienze*, cit., pp.97 sgg.

76. Sul destino del dopo-uomo nicciano si vedano anche le annotazioni di R.Esposito, *Bios. Biopolitica e filosofia*, cit., pp. 105 sgg.

77. La volontà di potenza di Nietzsche è «volontà di parvenza», quando è espressione del volere della vita «che si sa facendosi e si fa sapendosi» (E.Mazzarella, *Vie d'uscita. L'identità umana come programma stazionario metafisico*, Genova, il melangolo, 2004, in part. cap.IV. *La volontà di potenza come volontà di forma. Il muro della finitezza: il corpo*, pp.71-88; il richiamo di Nietzsche conserva, nella proposta complessiva del testo, l'idea di una riabilitazione dell'origine naturale come fonte di senso e criterio di valutazione).

78. F.Nietzsche, *Umano, troppo umano*, in *Opere di Friedrich Nietzsche*, edizione italiana diretta da G.Colli e M.Montinari, Milano, Adelphi, vol.IV, tomo II, 1965, p.7.

79. F.Nietzsche, *Frammenti postumi 1888-1889*, in *Opere*, cit., vol.VIII, tomo III, 1974, p.386.

80. F.Nietzsche, *Umano, troppo umano*, cit., p.7.

81. F.Nietzsche, *La gaia scienza*, in *Opere*, cit., vol.V, tomo II, 1965, pp.171-172.

82. F.Nietzsche, *Frammenti postumi 1887-1888*, in *Opere*, cit., vol.VIII, tomo II, 1971, p.45.

83. M.Heidegger, *Nietzsche*, trad.it. nuova e ampliata a cura di F.Volpi, Milano, Adelphi, 1994, pp.130-132.

Capitolo VI

1. Analogamente una politica *della* vita contrasta una politica *sulla* vita nella prospettiva del passaggio dalla tanatopolitica a una «biopolitica affermativa» (R.Esposito, *Bios. Biopolitica e filosofia*, cit., p.XVI).

2. Per lo spostamento dal controllo del pensare nell'*ideologia* al controllo del sentire nella *sensologia* rinviamo alle tesi di M.Perniola, *Del sentire*, Torino, Einaudi, 1991; per la condizione contemporanea dell'uomo desiderante o *homo psichologicus*, invaso e disciplinato nella stessa vita affettiva, complice dei processi di appropriazione del potere e forma narcisistica della passione acquisitiva, cfr.E.Pulcini, *L'individuo senza passioni. Individualismo moderno e perdita del legame sociale*, Torino, Bollati Boringhieri, 2001.

3. M.Foucault, *Microfisica del potere*, cit., p.11.

4. Ivi, p.13.

5. M.Foucault, *L'uso dei piaceri*, trad.it., Milano, Feltrinelli, 1984, p.10.

6. M.Foucault, *Bisogna difendere la società*, trad.it. a cura di M.Bertani e A.Fontana, Milano, Feltrinelli, 1998, p.37.

7. Ivi, pp.80 sgg.

8. M.Foucault, *Microfisica del potere*, cit., pp.8-9.

9. M.Foucault, *L'archeologia del sapere,* cit., pp.139-140.

10. M.Foucault, *Microfisica del potere*, cit., pp.26-27.

11. M.Foucault, *Nietzsche, la genealogia, la storia*, cit., pp.31-32.

12. Ivi, p.34.

13. Ivi, p.37.

14. Ivi, pp.34-35.

15. M.Foucault, *Microfisica del potere*, cit., p.111.

16. Ivi, p.144.

17. Ivi, p.68.

18. M.Foucault, *Bisogna difendere la società,* cit., p.16.

19. M.Foucault, *L'ermeneutica del soggetto*, edizione stabilita da F.Gros, trad.it., Milano, Feltrinelli, p.436.

20. Per un piú dettagliato commento al testo inedito dell'*Introduction* e a proposito della lontana ispirazione kantiana dell'etica della «cura di sé» rinviamo al nostro *Foucault e Kant. Critica Clinica Etica*, Napoli, La Città del Sole, 1997.

21. *Introduction à l'anthropologie de Kant*, dattiloscritto inedito cit., pp.41-42.

22. Ivi, p.72.

23. Ivi, pp.73-74.

24. M.Foucault, *Il sogno*, trad.it., prefazione di F.Polidori, Milano, Raffaello Cortina Editore, 2003, p.84 (il corsivo è mio).

25. M.Foucault, *Che cos'è l'Illuminismo?*, in *Archivio Foucault. 3. Estetica dell'esistenza, etica, politica,* ed.it. a cura di A.Pandolfi, Milano, Feltrinelli, 1998, pp.228-229.

26. Ivi, p.261.

27. L'espressione è di Deleuze, che segnala, in una nota personale di commento a *La volontà di sapere* indirizzata a Foucault, la difficoltà a individuare «linee di fuga» oppositive e innovative (G.Deleuze, *Divenire molteplice. Nietzsche, Foucault ed altri intercessori*, ed. it. a cura di U.Fadini, Verona, Ombre corte, 1999, pp.77 sgg.)

28. Ivi, pp.80, 85.

29. Ivi, p.85.

30. Ivi, pp.86-87.

31. M.Foucault, *L'ermeneutica del soggetto*, cit., pp.17-18.

32. M.Foucault, *L'uso dei piaceri*, cit., p.18.

33. Ivi, p.31.

34. Ivi, p.32.

35. Ivi, p.34.

36. Ivi, pp.33 sgg.

37. Ivi, p.35.

38. Ivi, p.43.

39. Ivi, p.82.

40. L'oggetto della riflessione morale è «la dinamica che tutti e tre li unisce in modo circolare (il desiderio che porta all'atto, l'atto che è legato al piacere e il piacere che suscita il desiderio)» (Ivi, p.49).

41. Ivi, p.49.

42. Ivi, pp.49-52.

43. Ivi, p.59.

44. Ivi, p.67.

45. «La libertà è la condizione ontologica dell'etica; ma l'etica è la forma riflessa che assume la libertà» (M.Foucault, *L'etica della cura di sé come pratica della libertà,* in *Archivio Foucault 3.*, cit., p.276).

46. M.Foucault, *L'ermeneutica del soggetto*, cit., p.12.

47. M.Foucault, *L'uso dei piaceri,* cit.,pp.129-130.

48. Ivi, p.233.

49. M.Foucault, *Discorso e verità nella Grecia antica*, trad.it. a cura di A.Galeotti, introd. di R.Bodei, Donzelli Editore, Roma 1996, pp.63-64.

50. M.Foucault, *L'uso dei piaceri,* cit., pp.233 sgg.

51. M.Foucault, *L'etica della cura di sé come pratica della libertà*, cit., pp.279, 285.

52. Sul carattere «éthopoétique» della cura si veda, oltre all'Introduzione a *L'uso dei piaceri,* cit., p.17, *L'ermeneutica del soggetto,* cit., p.209.

53. *L'uso dei piaceri*, cit., p.241.

54. Sulla complessità della figura di Socrate, sull'assimilazione a Eros e al suo vagabondare, sulla forza dell'ironia capace di «tagliare in due» l'interlocutore e di «rovesciare» i rapporti tra maestro ed allievo è utile leggere, per i noti legami con Foucault, P. Hadot, *Esercizi spirituali e filosofia antica*, trad.it., Torino, Einaudi, 1988, pp.87 sgg.

55. M.Foucault, *L'ermeneutica del soggetto*, cit., p.42.

56.M.Foucault, *L'uso dei piaceri*, cit., p.241.

57. Ivi, pp.242-243.

58. M.Foucault, *Illuminismo e critica,* cit., pp.53 sgg.

59. M.Foucault, *L'ermeneutica del soggetto*, cit., pp.330 sgg.

60. M.Foucault, *Du gouvernement des vivants*, corso inedito al Collège de France, documento sonoro disponibile presso il Fonds Michel Foucault dell'IMEC di Parigi (catalogato con la sigla C 62, 1-12), lezione del 23 gennaio 1980.

61. M.Foucault, *De l'amitié comme mode de vie*, in Id., *Dits et écrits,* cit., IV, p.164.

62. M.Foucault, *Le courage de la vérité*, corso inedito al Collège de France, documento sonoro disponibile presso il Fonds Michel Foucault dell'IMEC di Parigi (catalogato con la sigla C 69, 02-10), lezione del 1° febbraio 1984.

63. M.Foucault, *Du gouvernement des vivants*, cit., lezione del 30 gennaio 1980.

64. M.Foucault, *Le courage de la vérité*, cit., lezione del 1° febbraio 1984.

65. *Ibidem.*

66. M.Foucault, *De l'amitié comme mode de vie*, cit., p.164. Per il tema della *philia* si veda anche *L'uso dei piaceri,* cit., p. 204.

67. M.Foucault, *Le courage de la vérité*, cit., lezione dell'8 febbraio 1984.

68. È l'incisivo commento di F.Gros, *Introduction*, in F.Gros et C.Lévy (sous la direction de), *Foucault et la philosophie antique*, Paris, Edition Kimé, 2003, p.13.

Bibliografia

– B.Accarino (a cura di), *Ratio imaginis. Uomo e mondo nell'antropologia filosofica*, Firenze, Ponte alle Grazie, 1991.

– F.P.Adorno, *Le style du philosophe. Foucault et le dire–vrai*, Paris, Editions Kimé, 1996.

– G.Agamben, *Homo sacer. Il potere sovrano e la nuda vita*, Torino, Einaudi, 1995.

– Id., *L'aperto. L'uomo e l'animale*, Torino, Bollati Boringhieri, 2002.

– L. Amoroso, *Senso e consenso. Uno studio kantiano*, Napoli, Guida, 1984.

– B.Andrieu, *Les cultes du corps. Ethique et sciences*, Paris, L'Harmattan, 1994.

– R.R.Aramayo, F.Oncina (comp.), *Etica y antropologia : un dilema kantiano*, Granada, Comares, 1999.

– P.Artières, E.Da Silva (sous la direction de), *Michel Foucault et la médicine. Lectures et usages*, Paris, Editions Kimé, 2001.

– M.Blanchot, *Michel Foucault tel que je l'imagine*, Montpellier, éditions fata morgana, 1986; trad.it., *Michel Foucault come io l'immagino*, Genova, Costa & Nolan, 1988.

– R.Bodei, *Scomposizioni. Forme dell'individuo moderno*, Torino, Einaudi, 1987.

– Id., *Destini personali. L'età della colonizzazione delle coscienze*, Milano, Feltrinelli, 2002.

– J.Baudrillard, *Oublier Foucault*, Paris, Editions Galilée, 1977; trad.it., *Dimenticare Foucault,* con un saggio introduttivo di P.Bellasi, Bologna, Cappelli, 1977.

– F.Bosio, *L'idea dell'uomo e la filosofia nel pensiero di Max Scheler*, Roma, Abete, 1976.

– Id., *Invito al pensiero di Max Scheler*, Milano, Mursia, 1995.

– R.Brandt, *Kritischer Kommentar zu Immanuel Kant, Anthropologie in pragmatischer Hinsicht*, Hamburg, Meiner, 1998.

– A.Brossat (sous la direction de), *Michel Foucault. Les jeux de la vérité et du pouvoir. Etudes transeuropéennes*, Nancy, Presses Universitaires de Nancy, 1994.

– M.Cacciari, F.Rella, M.Tafuri, G.Teyssot, *Il dispositivo Foucault*, Venezia, Cluva, 1977.

– G.Canguihem, *La connaissance de la vie*, Paris, Vrin, 1965; trad.it., *La conoscenza della vita*, Bologna, Il Mulino, 1976.

– Id., *Le normal et le pathologique*, Paris, Puf, 1966; trad.it., *Il normale e il patologico*, introduzione di M.Porro, Postfazione di M.Foucault (*La vita: l'esperienza e la scienza*), Torino, Einaudi, 1998.

– Id. (Présentation de), *Michel Foucault philosophe*, Rencontre Internationale, Paris, 9-11 janvier 1988, Paris, Seuil, 1989.

– E.Cassirer, *Substanzbegriff und Funktionsbegriff*, Berlin, 1910. Rist.: Darmstadt, Wissenschaftliche Buchgesellschaft, 1980; trad.it., *Sostanza e funzione. Sulla teoria della relatività di Einstein*, presentazione di G. Preti, Firenze, La Nuova Italia, 1973.

– Id., *Die Begriffsform im mythischen Denken*, «Studien der Bibliothek Warburg», I, Leipzig-Berlin, 1922; *Der Begriff der symbolischen Form im Aufbau der Geisteswissenschaften*, in «Vorträge der Bibliothek Warburg», I, 1921-22, Lepzig-Berlin, 1923; trad.it., *Mito e concetto*, a cura di R.Lazzari, Firenze, La Nuova Italia, 1992.

– Id., *Philosophie der symbolischen Formen*, vol.I (*Die Sprache*), Berlin 1923; vol.II (*Das mythische Denken*), Berlin 1925; vol.III (*Phänomenologie der Erkenntnis*), Berlin 1929. Rist.: Darmstadt, Wissenschaftiche Buchgesellschaft, 1953-54; trad.it., *Filosofia delle forme simboliche*, a cura di E.Arnaud, 3 voll. (il III in 2 tomi), Firenze, La Nuova Italia, 1961, 1964, 1966.

– Id., *Sprache und Mythos. Ein Beitrag zum Problem der Götternamen*, «Studien der Bibliothek Warburg», vol.VI, Leipzig 1925. Rist. in *Wesen und Wirkung des Symbolbegriffs*, Darmstadt, Wissenschaftliche Buchgesellschaft, 1956; trad.it., *Linguaggio e mito*, a cura di V.E.Alfieri, Milano, Il Saggiatore, 1961.

– Id., *Zur Logik der Kulturwissenschaften. Fünf Studien*, «Göteborgs Högskolas Arsskrift», vol.XLVIII, 1942, n.1 Rist.: Darmstadt, Wissenschaftliche Buchgesellschaft, 1961; trad.it., *Sulla logica delle scienze della cultura*, a cura di M.Maggi, Firenze, La Nuova Italia, 1979.

– Id., *An Essay on Man. An Introduction to a Philosophy of Human Culture*, New Haven-London, Yale University Press, 1944; trad.it., *Saggio sull'uomo. Introduzione ad una filosofia della cultura*, introd. di L.Lugarini, Roma, Armando Editore, 1968.

– Id., *Structuralism in Modern Linguistics*, «Word. Journal of Linguistic Circle of New York», I, 1946; trad.it., *Lo strutturalismo nella linguistica moderna*, a cura di S.Veca, Napoli, Guida, 1970.

– Id., *Spirito e vita*, ed.it. a cura di R.Racinaro, Salerno, Edizioni 10/17, 1992.

– S.Catucci, *Introduzione a Foucault*, Roma-Bari, Laterza, 2000.

– F.Ciaramelli, *La distruzione del desiderio. Il narcisismo nell'epoca del consumo di massa*, Bari, Edizioni Dedalo, 2000.

– C.Colangelo, *Limite e melanconia. Kant, Heidegger, Blanchot*, Napoli, Loffredo Editore, 1998.

– V.Cotesta, *Linguaggio potere individuo. Saggio su Michel Foucault*, Bari, Edizioni Dedalo, 1979.

– A.Cutro, *Michel Foucault. Tecnica e vita. Bio-politica e filosofia del bios*, Napoli, Bibliopolis, 2004.

– L.D'Alessandro, A.Marino (sous la direction de), *Michel Foucault. Trajectoires au coeur du présent*, Paris, L'Harmattan, 1998.

– M.De Carolis, *La vita nella sua riproducibilità tecnica*, Torino, Bollati Boringhieri, 2004.

– G. Deleuze, *La philosophie critique de Kant. Doctrine des facultés*, Paris, Puf, 1963; trad.it., introd. di E.M.Forni, Bologna, Cappelli, 1979.

– J.Deleuze-F.Guattari, *Mille Plateaux*, Paris, Ed. de Minuit, 1980; trad.it., *Mille piani. Capitalismo e schizofrenia*, Roma, Istituto Enciclopedia Italiana, 1987.

– J.Deleuze, *Foucault*, Paris, Minuit, 1986; trad.it., *Foucault*, Milano, Feltrinelli, 1987.

– Id., *Divenire molteplice. Nietzsche, Foucault ed altri intercessori*, ed.it. a cura di U.Fadini, Verona, Ombre corte, 1999.

– Id., *Pourparlers*, 1872-1990, Paris, Ed. de Minuit, 1990.

– C.Di Marco, *Critica e cura di sé. L'etica di Michel Foucault*, Milano, Franco Angeli, 1999.

– F.G.Di Paola, *La teoria sociale di Arnold Gehlen*, Milano, Franco Angeli, 1984

– H.L.Dreyfus, P.Rabinow, *Michel Foucault. Beyond Structuralism and Hermeneutics*, with an Afterword by Michel Foucault, Chicago, University of Chicago Press, 1982; trad.it., *La ricerca di Michel Foucault. Analitica della verità e storia del presente*, con un'intervista e due saggi di Michel Foucault, Firenze, Ponte alle Grazie, 1989.

– M.Dupuy, *La philosophie de Max Scheler: son évolution et son unité*, Paris, Puf, 1959.

– M.Durissimi, *Forme del sapere e società di Max Scheler*, Torino, Edizioni di Filosofia, 1962.

– E.Erdmann, R.Forst, A.Honneth (hgrs.von), *Ethos der Moderne. Foucaults Kritik der Aufklärung*, Frankfurt/New York, Campus, 1990.

– A.Escher Di Stefano, *Il coraggio della verità. Max Scheler e la riflessione sull'uomo*, Napoli, Guida, 1991.

– F.Ewald, *Anatomia e corpi politici. Su Foucault*, ed.it., Milano, Feltrinelli, 1979.

– R.Esposito, *Immunitas. Protezione e negazione della vita*, Torino, Einaudi, 2002.

– Id., *Bios.Biopolitica e filosofia*, Torino, Einaudi, 2004.

– U.Fadini, *Il corpo imprevisto. Filosofia, antropologia e tecnica in Arnold Gehlen*, Milano, Franco Angeli, 1988.

– Id., *Configurazioni antropologiche*, Napoli, Liguori, 1991.

– Id., *Antropologia filosofica*, in *La filosofia*, diretta da Paolo Rossi, vol.I: *Le filosofie speciali*, Torino, Utet, 1995.

– M. Failla, *Verità e saggezza in Kant. Un contributo all'analisi della logica e dell'antropologia*, Milano, Franco Angeli, 2000.

– J.Ferrari (sous la direction de), *L'année 1798. Kant et la naissance de l'anthropologie au siècle des Lumières*, Actes du Colloque de Dijon, 9-11 mai 1996, Paris, Librairie Philosophique J.Vrin, 1997.

– V.Filippone, *Società e cultura nel pensiero di Max Scheler*, Milano, Giuffré, 1964-1969.

– M.Fimiani, *Marcel Mauss e il pensiero dell'origine*, Napoli, Guida, 1984.

– Id., *Foucault e Kant. Critica clinica etica*, Napoli, La Città del Sole, 1997.

– Id., *Lévy-Bruhl. La différence et l'archaïque*, Paris, L'Harmattan, 2000.

– Id., *L'arcaico e l'attuale*, Torino, Boringhieri, 2000.

– Id., *Le véritable amour et le souci commun du monde*, in F.Gros (coordonné par), *Foucault. Le courage de la vérité*, Paris, Puf, 2002.

– M.Fimiani, V.Gessa Kurotschka, E.Pulcini (a cura di), *Umano, postumano. Potere, sapere, etica nell'età globale,* Roma, Editori Riuniti, 2004.

– M.Foucault, *Dits et écrits. 1954-1988*, Edition établie sous la direction de Daniel Defert et François Ewald, I-IV, Paris, Editions Gallimard, 1994.

– Id., *Introduction* a L.Binswanger, *Le Réve et l'Existence* (trad.J.Verdeaux), Desclée de Brower, Paris 1954; trad.it., *Il sogno*, prefazione di F.Polidori, Milano, Raffaello Cortina Editore, 2003.

– Id., *Folie et Déraison. Histoire de la folie à l'age classique*, Paris, Librairie Plon, 1961 (I); trad.it., *Storia della follia*, Rizzoli, Milano 1963; *Histoire de la folie à l'age classique* suivi de *Mon corps, ce papier, ce feu* et *La folie, l'absence d'oeuvre,* Paris, Editions Gallimard, «Bibliothèque des sciences humaines», 1972 (II); trad.it., *Storia della follia nell'età classica*, Milano, Biblioteca Universale Rizzoli, 1976.

– Id., *Naissance de la clinique. Une archéologie du regard médical*, Paris, Puf, 1963; trad.it., *Nascita della clinica. Il ruolo della medicina nella costituzione delle scienze umane*, a cura di A.Fontana, Torino, Einaudi,1969.

– Id., *Traduction* de E.Kant, *Anthropologie du point de vue pragmatique*, Paris, Librairie Philosophique J.Vrin, 1964.

– Id., *Les mots et les choses. Une archéologie des sciences humaines*, Paris, Editions Gallimard,1966; trad.it., *Le parole e le cose. Un'archeologia delle scienze umane*, con un saggio critico di G.Canguilhem, Milano, Rizzoli, 1967.

– Id., *Sur l'archéologie des sciences.Réponse au Cercle d'épistémologie*, in «Cahiers pour l'analyse», n.9, 1968; trad.it. in Id., *Due risposte sulla epistemologia. Archeologia delle scienze e critica della ragione storica,* Milano, Lampugnani Nigri, 1971.

– Id., *L'archéologie du savoir*, Paris, Editions Gallimard, 1969; trad.it., *L'archeologia del sapere*, Milano, Rizzoli, 1971.

– Id., *L'Ordre du discours*, Paris, Editions Gallimard, 1971; trad.it., *L'ordine del discorso,* Torino, Einaudi, 1972.

– Id., *De la nature humaine: justice contre pouvoir* (discussion avec N.Chomsky et F.Elders, Eindhoven, novembre 1971), in F.Elders, *Reflexive Water: The Basic Concerns of Mankinds*, London, Souvenir Press, 1974; trad.it., *Giustizia e natura umana. Conversazione di Eindhoven*, a cura di S.Vaccaro, Palermo, Edizioni Associate, 1994.

– Id., *Surveiller et punir. Naissance de la prison*, Paris, Editions Gallimard, 1975; trad.it., *Sorvegliare e punire. Nascita della prigione*, Torino, Einaudi, 1976.

– Id., *Microfisica del potere*, ed.it. a cura di A.Fontana e P.Pasquino, Torino, Einaudi, 1977.

– Id., *Que'est-ce que la critique? Critique et Aufklärung*, in «Bulletin de la Société française de Philosophie», Compte rendu de la séance du 27 mai 1978 (n.2, 1990); trad.it., *Illuminismo e critica*, a cura di P.Napoli, Roma, Donzelli Editore, 1997.

– Id., *La volonté de savoir*, Paris, Editions Gallimard, 1976; trad.it., *La volontà di sapere*, Milano, Feltrinelli, 1978.

– Id., *L'usage des plaisirs*, Paris, Editions Gallimard, 1984; trad.it., *L'uso dei piaceri*, Milano, Feltrinelli, 1984.

– Id., *Le souci de soi*, Paris Editions Gallimard, 1984; trad.it., *La cura di sé*, Milano, Feltrinelli, 1985.

– Id., *Qu'est-ce que les Lumières?*, in «Magazine littéraire», n.207, mai 1984 (extrait du cours du 5 janvier 1983 au Collège de France); trad.it., *Che cos'è l'Illuminismo?,* in *Archivio Foucault, 3. 1978-1985*, a cura di A.Pandolfi, Milano, Feltrinelli, 1998, pp.253-261.

– Id., *What is Enlightenment?*, in *The Foucault Reader*, Edited by P.Rabinow, New York, Pantheon Books, 1984; trad.it., *Che cos'è l'Illuminismo?*, in *Archivio Foucault, 3. 1978-1985*, cit., pp.217-232

– Id., *Discourse and Truth. The Problematization of Parrhesia*, libera trascrizione del corso tenuto a Berkeley nell'autunno del 1983, curata nel 1985 da J.Pearson, Department of Philosophy della Northwestern University, Evanston; trad.it. *Discorso e verità nella Grecia antica*, a cura di A.Galeotti, introduzione di R.Bodei, Roma, Donzelli Editore, 1996.

– Id., *Résumé des cours. 1970-1982*, Paris, Editions Gallimard, 1994; trad.it., *I corsi al Collège de France. I Résumés*, a cura di A.Pandolfi, Milano, Feltrinelli, 1999.

– Id., *«Il faut défendre la société». Cours au Collège de France, 1975-1976*, Edition ètablie sous la direction de F.Ewald et A.Fontana par M.Bertani et A.Fontana, Paris, Seuil/Gallimard, 1997; trad.it., *«Bisogna difendere la società»*, Milano, Feltrinelli, 1998.

– Id., *Les anormaux. Cours au Collège de France. 1974-1975*, Edition établie sous la direction de F.Ewald et A.Fontana par V.Marchetti e A.Salomoni, Paris, Seuil/Gallimard, 1999; trad.it., *Gli anormali. Corso al Collège de France (1974-1975),* a cura di V.Marchetti e A.Salomoni, Milano, Feltrinelli, 2000.

– Id., *L'herméneutique du sujet. Cours au Collège de France. 1981-1982*, Edition établie sous la direction de F.Ewald et A.Fontana par F.Gros, Paris, Seuil/Gallimard, 2001; trad.it., *L'ermeneutica del soggetto. Corso al Collège de France (1981-1982),* Milano, Feltrinelli, 2003.

– Id., *Le pouvoir psychiatrique. Cours au Collège de France. 1973-1974*, Edition établie sous la direction de F.Ewald et A.Fontana par J.Lagrange, Paris, Seuil/Gallimard, 2003; trad.it., *Il potere psichiatrico. Corso al Collège de France (1973-1974)*, Milano, Feltrinelli, 2004.

– Id., *Naissance de la biopolitique. Cours au Collège de France. 1978-1979*, Edition établie sous la direction de F.Ewald et A.Fontana par M.Sennellart, Paris, Seuil/Gallimard, 2004.

– Id., *Sécurité, territoire, population. Cours au Collège de France. 1977-1978*, Editon ètablie sous la direction de F. Ewald et A. Fontana par M. Senellart, Paris, Senil/Gallimard, 2004.

– Id., *Archivio Foucault. 1. 1961-1970. Follia, scrittura, discorso*, ed.it. a cura di J.Revel, Milano, Feltrinelli, 1996.

– Id., *Archivio Foucault. 2. 1971-1977. Poteri, saperi, strategie*, ed.it. a cura di A.Dal Lago, Milano, Feltrinelli, 1997.

– Id., *Archivio Foucault. 3. 1978-1985. Estetica dell'esistenza, etica, politica*, ed.it. a cura di A.Pandolfi, Milano, Feltrinelli, 1998.

– Id., *Il discorso, la storia, la verità. Interventi 1969-1984*, ed.it. a cura di M.Bertani, Torino, Einaudi, 2001.

– Id., *Biopolitica e liberalismo. Detti e scritti su potere ed etica. 1975-1984*, ed.it. a cura di O.Marzocca, Milano, Medusa, 2001.

– D.Franche, S.Prokhoris, Y.Roussel (Textes réunis par), *Au risque de Foucault*, Paris, Editions du Centre Pompidou, 1997.

– P. Frierson, *Freedom and Anthropology in Kant's Moral Philosophy*, Cambridge, Cambridge University Press, 2003.

– U.Galimberti, *Il corpo*, Milano, Feltrinelli, 1983 (nuova ed.riv., 2003).

– Id., *Psiche e techne. L'uomo nell'età della tecnica*, Milano, Feltrinelli, 1999.

– A.Gehlen, *Gesamtausgabe*, hrsg.von K.S.Rehberg, Frankfurt am Main, Klostermann, 1978-1993.

– Id., *Der Mensch. Seine Natur und seine Stellung in der Welt* (1940); trad.it., *L'uomo. La sua natura e il suo posto nel mondo*, introduzione di K.S.Rehberg, Milano, Feltrinelli, 1983.

– Id., *Urmensch und Spätkultur. Philosophische Ergebnisse und Aussagen* (1956); trad.it., *L'uomo delle origini e la tarda cultura. Testi e risultati filosofici*, prefazione di R.Madera, Milano, Il Saggiatore, 1994.

– Id., *Die Seele im technischen Zeitalter* (1957); trad.it., *L'uomo nell'era della tecnica,* prefazione di A.Negri, Milano, SugarCo, 1984.

– Id., *Anthropologische Forschung. Zur Selbstbegegnung und Selbstentdeckung des Menschen* (1961); trad.it., *Prospettive antropologiche. Per l'incontro con se stesso e la scoperta di sé da parte dell'uomo*, presentazione di G.Poggi, Bologna, Il Mulino, 1987.

– Id., *Ueber Kulturelle Kristallisation* (1961); trad.it., *Della cristallizzazione culturale*, in P.Prini (a cura di), *Il mondo di domani*, Roma, Abete, 1964.

– Id., *Die Säkularisierung des Fortschritts* (1967); trad.it., *La secolarizzazione del progresso*, in «Discipline filosofiche», XI, 1, Macerata, Quodlibet, 2001.

– Id., *Moral und Hypermoral. Eine pluralistische Ethik* (1969); trad.it., *Morale e ipermorale. Un'etica puralistica*, a cura di U.Fadini, Verona, Ombre corte, 2001.

– Id., *Philosophische Anthropologie und Handlungslehre* (1983); trad.it., *Antropologia filosofica e teoria dell'azione*, a cura di E.Mazzarella, prefazione di K.S.Rehberg, Napoli, Guida, 1990.

– Id., *Zeit-Bilder. Zur Soziologie und Ästhetik der modernen Malerei* (1986); trad.it., *Quadri d'epoca. Sociologia e estetica della pittura moderna*, a cura di G.Carchia, Napoli, Guida, 1989.

– S.Giammusso, *Potere e comprendere. La questione dell'esperienza storica e l'opera di Helmuth Plessner*, Milano, Guerini e Associati, 1995.

– A.Grillo (a cura di), *A partire da Foucault. Studi su potere e soggettività*, prefazione di F.Riccio, Palermo, La Zisa, 1994.

– F.Gros, *Michel Foucault*, Paris, Puf, 1996.

– F.Gros, C.Lévy (sous la direction de), *Foucault et la philosophie antique*, Paris, Editions Kimé, 2003.

– A.Gualandi (a cura di), *L'uomo, un progetto incompiuto*, voll.1-2, «Discipline filosofiche», XII-XIII, Macerata, Quodlibet, 2002-2003.

– J.Habermas, *Anthropologie*, in *Philosophie*, Fischer Lexikon 11, hrsg.von A.Diemer, I.Frenzel, Frankfurt am Main, Fischer,1958; trad.it., *Antropologia*, in *Filosofia*, a cura di G.Petri, Enciclopedia Feltrinelli Fischer 14, Milano, Feltrinelli, 1966.

– Id., *Zur Logik der Sozialwissenschaften*, Tübingen, J.C.B.Mohr, 1967; trad.it., *Logica delle scienze sociali*, a cura di E.Melandri, intr. di A.Santucci, Bologna, Il Mulino, 1970.

– Id., *Der philosophische Diskurs der Moderne*, Frankfurt am Main, Suhrkamp, 1985; trad.it., *Il discorso filosofico della modernità*, Roma-Bari, Laterza, 1988.

– Id., *Il futuro della natura umana. I rischi di una genetica liberale*, ed.it. a cura di L.Ceppa, Torino, Einaudi, 2002.

– Id., *Tempo di passaggi*, ed. it. a cura di L.Ceppa, Milano, Feltrinelli, 2004.

– D.J.Haraway, *Simians, Cyborgs, and Women: The Reinvention of Nature*, New York, Routledge, 1991; trad.it. parziale, *Manifesto Cyborg. Donne, tecnologie e biopolitiche del corpo*, introduzione di R.Braidotti, Milano, Feltrinelli, 1995.

– M.Heidegger, *Kant und das Problem der Metaphysik* (1929), quarta ed. ampliata, Frankfurt am Main, Klostermann, 1973; trad.it., *Kant e il problema della metafisica*, Introduzione di V.Verra, Roma-Bari, Universale Laterza, 1985.

– Id., *Nietzsche* (1936-1941), Pfullingen, Günther Neske, 1961; trad.it., *Nietzsche*, nuova ed. ampliata a cura di F.Volpi, Milano, Adelphi, 1994.

– Id., *Brief über den Humanismus*, Frankfurt am Main, Klostermann, 1949; poi in Id., *Wergmarken*, hrsg.von F.-W. von Herrmann, Frankfurt am Main, Klostermann, 1976; trad.it., *Lettera sull'«umanismo»*, in Id., *Segnavia*, ed.it. a cura di F.Volpi, Milano, Adelphi, 1987.

– Id., *Holzwege*, Frankfurt am Main, Klostermann, 1950; trad.it., *Sentieri interrotti,* presentazione e traduzione di P.Chiodi, Firenze La Nuova Italia, 1968.

– Id., *Vorträge und Aufsätze*, Pfullingen, Günther Neske, 1954; trad.it., *Saggi e discorsi*, a cura di G.Vattimo, Milano, Mursia, 1976.

– M.Horkheimer, *Bemerkungen zur philosophischen Anthropologie*, in Id., *Kritische Theorie*, Bd.I, hrsg. von A.Schmidt, Frankfurt am Main, Fischer, 1968; trad.it., *Considerazioni sull'antropologia filosofica*, in Id., *Teoria critica*, vol.I, Torino, Einaudi, 1974.

– E.Husserl, *Die Krisis der europäischen Wissenschaften und die transzendentale Phänomenologie* (1935-1937), hrsg. von H.L.Van Breda, Haag, Nijhoff, 1954; trad.it., *La crisi delle scienze europee e la fenomenologia trascendentale*, Milano, Il Saggiatore, 1961.

– F.Jacob, *La logique du vivant*, Paris, Gallimard, 1970; trad.it., *La logica del vivente*, Torino, Einaudi, 1971.

– B.Jacobs, P.Kain (ed. by), *Essays on Kant's Anthropology*, Cambridge, Cambridge University Press, 2004.

– I.Kant, *Kant's Gesammelte Schriften*, hrsg. von der Königlich Preussischen (poi: Deutschen) Akademie der Wissenschaften, Berlin, G. Reimer (poi: Leipzig, W. de Gruyter), 1900 sgg.

– Id., *Kritik der reiner Vernunft* (1987, B); trad.it., *Critica della ragion pura*, introduzione, traduzione e note di G.Colli, Torino, Einaudi 1957.

– Id., *Beantwortung der Frage: Was ist Aufklärung?* (1784); trad.it., *Risposta alla domanda: che cos'è l'Illuminismo?*, in *Scritti politici e di filosofia della storia e del diritto*, con un saggio di C.Garve, tradotti da G.Solari e G.Vidari, edizione postuma a cura di N.Bobbio, L.Firpo, V.Mathieu, Torino, Utet (ed.III),1995.

– Id., *Idee zu einer allgemeinen Geschichte in weltbürgerlicher Absicht* (1784); trad.it., *Idea di una storia universale dal punto di vista cosmopolitico*, a cura di Solari, in *Scritti politici*, cit.

– Id., *Grundlegung zur Metaphysik der Sitten* (1785); trad.it., *Fondazione della metafisica dei costumi*, in *Scritti morali*, a cura di P.Chiodi, Torino, Utet, 1970.

– Id., *Kritik der praktischen Vernunft* (1788); trad.it., *Critica della ragion pratica*, a cura di F.Capra, riv. da E.Garin, Bari, Laterza (ed.VII), 1963.

– Id., *Kritik der Urtheilskraft* (1790); trad.it., *Critica del Giudizio*, a cura di A.Gargiulo, riv. da V.Verra, Bari, Laterza (ed.V), 1963.

– Id., *Die Religion innerhalb der Grenzen der blossen Vernunft* (1793); trad.it., *La religione nei limiti della semplice ragione*, a cura di P.Chiodi, in *Scritti morali*, cit.

– Id., *Ob das menschliche Geschlecht im beständigen Fortschreiten zum Besseren sei – Der Streit der Facultäten* (1798, Zweiter Abschnitt)); trad.it., *Se il genere umano sia in costante progresso verso il meglio*, in *Scritti politici*, cit.

– Id., *Von der Macht des Gemüts durch den blossen Vorsatz seiner krankhaften Gefühle Meister zu sein – Der Streit der Facultäten* (1798, Dritter Abschnitt); trad.it., *Del potere dell'animo di dominare col solo proposito le proprie sensazioni morbose*, in *Il conflitto delle facoltà*, a cura di D.Venturelli, Brescia, Morcelliana, 1994.

– Id., *Anthropologie in pragmatischer Hinsicht* (1798); trad.it., *Antropologia dal punto di vista pragmatico*, a cura di P.Chiodi, in *Scritti morali*, cit.

– Id., *Logik* (1800); trad.it., *Logica*, a cura di L.Amoroso, Bari, Laterza, 1984.

– Id., *Opus postumum*, ed.it. a cura di V.Mathieu, Bari, Laterza, 1984.

– Id., *Ragione e ipocondria*, ed. it. a cura di P.Manganaro, Salerno, Edizioni 10/17, 1989.

– Id., *Questioni di confine. Saggi polemici (1786-1800)*, ed. it. a cura di F.Desideri, Genova, Marietti, 1990.

– B.Karsenti, *L'homme total. Sociologie, anthropologie et philosophie chez Marcel Mauss*, Paris, Puf, 1997.

– A.Lambertino, *Max Scheler. Fondazione fenomenologica dell'etica dei valori*, Firenze, La Nuova Italia, 1996.

– W.Lepenies, H.Nolte, *Kritik der Anthropologie. Marx und Freud, Gehlen und Habermas über Aggression*, München, C.Hanser, 1971; trad.it., *Critica dell'antropologia. Marx e Freud, Gehlen e Habermas sull'aggressività*, Milano, Feltrinelli, 1978.

– L.Lévy-Bruhl, *Les Fonctions mentales dans les sociétés inférieures*, Paris, Puf, 1910; trad.it., *Psiche e società primitive*, introduzione di S.Lener, Roma, Newton Compton, 1970.

– Id., *La Mentalité primitive*, Paris, Puf, 1922; trad.it., *La mentalità primitiva*, con un saggio di G.Cocchiara, Torino, Einaudi, 1966.

– Id., *L'Ame primitive*, Paris, Puf, 1927: trad.it., *L'anima primitiva*, prefazione di E.De Martino, Torino, Boringhieri, 1949 (II ed., 1990).

– Id., *Le Surnaturel et la nature dans la mentalité primitive*, Paris, Puf, 1931; trad.it., *Sovrannaturale e naturale nella mentalità primitiva*, introduzione di L.Lugarini, Roma, Newton Compton, 1973.

– Id., *La Mythologie primitive*, Paris, Alcan, 1935.

– Id., *L'Expérience mystique et les symboles chez les primitifs*, Paris, Alcan, 1938.

– Id., *Les Carnets*, Paris, Puf, 1949; trad.it., *I quaderni*, prefazione di E.De Martino, Torino, Einaudi, 1952.

– R. Louden, *Kant's Impure Ethics*, Oxford, Oxford University Press, 2000.

– L.Lugarini, *Lucien Lévy-Bruhl e il problema della mentalità primitiva*, Università degli Studi dell'Aquila, a.a.1973-74, Roma, Pioda, 1974.

– Id., *Critica della ragione e universo della cultura. Gli orizzonti cassireriani della filosofia trascendentale*, Roma, Ateneo,1983.

– J.-F. Lyotard, *L'enthousiasme. La critique kantienne de l'histoire*, Paris, Editions Galilée, 1986; trad.it., *L'entusiasmo. La critica kantiana della storia*, Milano, Guerini e Associati, 1989.

– P. Manganaro, *L'antropologia di Kant*, Napoli, Guida, 1983.

– R.Marchesini, *Post-human. Verso nuovi modelli di esistenza*, Torino, Bollati Boringhieri, 2002.

– L.H.Martin, H.Gutman, P.H.Hutton (ed.by), *Technologies of the Self. A Seminar with Michel Foucault*, Amherst, The University of Massachusetts Press, 1988; trad.it., *Un seminario con Michel Foucault. Tecnologie del sé*, Torino, Bollati Boringhieri, 1992.

– A.Masullo, *Struttura soggetto prassi*, Napoli, Edizioni Scientifiche Italiane, 1962 (nuova ed.riv., 1994).

– Id., *Metafisica*, Enciclopedia Filosofica, Milano, Mondadori, 1980 (nuova ed.riv., Roma, Donzelli Editore, 1996).

– Id., *Filosofie del soggetto e diritto del senso*, Genova, Marietti, 1990.

– Id., *Il tempo e la grazia. Per un'etica attiva della salvezza*, Roma, Donzelli, 1995.

– Id., *Paticità e indifferenza*, Genova, il melangolo, 2003.

– P.A.Masullo, *Patosofia. L'antropologia relazionale di Viktor von Weizsäcker*, Milano, Guerini e Associati, 1992.

– O.Marquard, *Anthropologie*, in J.Ritter (hrsg.), *Historisches Wörterbuch der Philosophie*, Bd.1, Basel/Stuttgart, Schwabe, 1971.

– Id., *Zur Geschichte des philosophischen Begriffs «Anthropologie» seit dem Ende des achtzehnten Jahrhunderts*, in Id., *Schwierigkeiten mit der Geschichtsphilosophie*, Frankfurt am Main, Suhrkamp, 1973.

– O.Marzocca (a cura di), *Moltiplicare Foucault. Vent'anni dopo*, «Millepiani», 27, Milano, Mimesis, 2004.

– H.Maus, F.Fürstenberg (hrsg.), *Der Positivismusstreit in der deutschen Soziologie*, Berlin, H.Luchterhand, 1969; trad.it., *Dialettica e positivismo in sociologia*, Torino, Einaudi, 1972.

– M.Mauss, *Oeuvres*, I-IV, a cura di V.Karady, Paris, Ed. de Minuit, 1968-1969.

– Id., *Sociologie et anthropologie*, précédé d'une *Introduction à l'oeuvre de Marcel Mauss* par C.Lévi-Strauss, Paris, Puf, 1950; trad.it., *Teoria generale della magia e altri saggi*, presentazione di E.De Martino, Torino, Einaudi, 1965.

– Id., *Manuel d'ethnographie*, rédigé par D.Paulme, Paris, Payot, 1947; trad.it., *Manuale d'etnografia*, Milano, Jaca Book, 1969.

– Id., *Ecrits politiques*, Textes réunis et présentés par M.Fournier, Paris, Fayard 1997.

– Id., *I fondamenti di un'antropologia storica*, ed.it. a cura di R.Di Donato, Torino, Einaudi, 1998.

– M.Mauss, M.Granet, *Il linguaggio dei sentimenti*, ed.it. a cura di B.Candian, Milano, Adelphi, 1975.

– E.Mazzarella, *Vie d'uscita. L'identità umana come programma stazionario metafisico*, Genova, il melangolo, 2004.

– O.Meo, *La malattia mentale nel pensiero di Kant*, Genova, Tilgher, 1982.

– J.-G. Merquior, *Foucault ou le nihilisme de la chaire*, Paris, Puf, 1986.

– S.Moravia, *La scienza dell'uomo nel Settecento*, Bari, Laterza, 1970.

– Id., *L'enigma della mente*, Roma-Bari, Laterza, 1986.

– Id., *L'enigma dell'esistenza. Soggetto, morale, passioni nell'età del disincanto*, Milano, Feltrinelli, 1996.

– E.Morin, *Le paradigme perdu: la nature humaine*, Paris, Seuil, 1973; trad.it., *Il paradigma perduto*, Milano, Feltrinelli, 2001.

– G.Morra, *Max Scheler. Una introduzione*, Roma, Armando, 1987.

– J.-L.Nancy, *Corpus*, Paris, Editions A.M.Métailié, 1992; trad.it., *Corpus*, a cura di A.Moscati, Napoli, Cronopio 1995.

– Id., *Etre singulier pluriel*, Paris, Galilée, 1996; trad.it., *Essere singolare plurale*, Introduzione di R.Esposito in dialogo con J.-L.Nancy, Torino, Einaudi, 2001.

– Id., *La création du monde ou la mondialisation*, Paris, Editions Galilée, 2002; trad.it., *La creazione del mondo o la mondializzazione*, Torino, Einaudi, 2003.

– S.Natoli, *Ermeneutica e genealogia. Filosofia e metodo in Nietzsche, Heidegger, Foucault*, Milano, Feltrinelli, 1981.

– F.Nietzsche, *Opere*, edizione italiana diretta da G.Colli e M.Montinari, Milano, Adelphi, 1972 sgg.

– M.T.Pansera, *L'uomo progetto della natura. L'antropologia filosofica di Arnold Gehlen*, Roma, Studium, 1990.

– Id., *Antropologia filosofica*, Milano, Mondadori, 2001.

– C.Papparo, *La passione senza nome. Materiali sul tema dell'anima in Nietzsche*, Napoli, Liguori, 1997.

– M.Perniola, *Del sentire*, Torino, Einaudi, 1991.

– Id., *Il sex–appeal dell'inorganico*, Torino, Einaudi, 1994.

– N. Pirillo, *Morale e civiltà. Studi su Kant e la condotta di vita*, Napoli, Loffredo,1995.

– S.Piro, *Introduzione alle antropologie trasformazionali*, Napoli, La Città del Sole, 1997.

– H.Plessner, *Gesammelte Schriften*, hrgs.von Günther Dux, Odo Marquard, Elisabeh Ströker, Frankfurt am Main, Suhrkamp, 1980-1985.

– Id., *Die Einheit der Sinne. Grundlinien einer Ästhesiologie des Geistes* (1923), in Id., *Gesammelte Schriften*, cit., Bd.III.

– Id., *Grenzen der Gemeinschaft. Eine Kritik des sozialen Radikalismus* (1924); trad.it., *I limiti della comunità. Per una critica del radicalismo sociale*, a cura di B.Accarino, Roma-Bari, Laterza, 2001.

– Id., *Die Stufen des Organischen und der Mensch. Einleitung in die philosophische Anthropologie* (1928), in Id., *Gesammelte Schriften*, cit., Bd. IV.

– Id., *Lachen und Weinen. Eine Untersuchung der Grenzen menschlichen Verhaltens* (1941); trad.it., *Il riso e il pianto. Una ricerca sui limiti del comportamento umano*, a cura di V.Rasini, Milano, Bompiani, 2000.

– Id., *Conditio humana* (1964); trad.it., *Conditio humana*, in *I propilei. Grande storia universale del mondo*, Milano, Mondadori, I, 1967.

– Id., *Diesseits der Utopie*, Düsseldorf-Köln, Diederichs,1966; trad.it., *Al di qua dell'utopia*, Genova, Marietti, 1974.

– Id., *Der Mensch als Lebenwesen* (1967); trad.it., *L'uomo come essere biologico,* in *Filosofi tedeschi d'oggi*, a cura di A.Babolin, introd. di F.Battaglia, Bologna, Il Mulino, 1967.

– A. Poma, *Il mito nella filosofia delle forme simboliche di E.Cassirer*, Torino, Filosofia, 1980.

– A. Potestà, *La pragmatica di Kant. Saperi al confine tra antropologia e criticismo*, Milano, Franco Angeli, 2004.

– E.Pulcini, *L'individuo senza passioni. Individualismo moderno e perdita del legame sociale*, Torino, Bollati Boringhieri, 2001.

– R.Racinaro, *Il futuro della memoria. Filosofia e mondo storico tra Hegel e Scheler*, Napoli, Guida, 1985.

– G.Raio, *Introduzione a Cassirer*, Roma-Bari, Laterza, 1991.

– Id., *Simbolismo tedesco. Kant, Cassirer, Szondi*, Napoli, Bibliopolis, 1996.

– J.Rajchman, *Truth and Eros. Foucault, Lacan, and the Question of Ethics*, New York-London, Toutledge, 1991.

– J.Revel, *Foucault, le parole e i poteri*, Roma, manifestolibri, 1996.

– G.Riconda, *Introduzione al pensiero di Max Scheler. Fenomenologia e analisi della vita emozionale*, Torino, Giappichelli, 1983.

– F.Riccio, S.Vaccaro (tesi curate da), *Adorno e Foucault. Congiunzione disgiuntiva*, San Paolo (Brasil)/Palermo (Italia), Ila Palma, 1990.

– P.A.Rovatti (a cura di), *Effetto Foucault*, Milano, Feltrinelli, 1986.

– M.Russo, *La provincia dell'uomo. Studio su Helmuth Plessner e sul problema di un'antropologia filosofica*, presentazione di V.Vitiello, Napoli, La Città del Sole, 2000.

– M.Scheler, *Gesammelte Werke*, a cura di Maria Scheler e Manfred S.Frings, Bd.I-XV, Bern-München, Francke, 1954-1986, Bonn, Bouvier, 1987-1998.

– Id., *Zur Idee des Menschen* (1914); trad.it., *Sull'idea dell'uomo*, in *La posizione dell'uomo nel cosmo e altri saggi*, a cura di R.Padellaro, Milano, Fratelli Fabbri, 1970.

– Id., *Der Formalismus in der Ethik und die materiale Wertethik* (1913-1927); trad.it., *Il formalismo nell'etica e l'etica materiale dei valori,* Milano, San Paolo, 1996.

– Id., *Wesen und Formen der Sympathie* (1923); trad.it., *Essenza e forme della simpatia*, Roma, Città Nuova, 1980.

– Id., *Die Stellung des Menschen im Kosmos* (1928); trad.it., *La posizione dell'uomo nel cosmo*, a cura di G.Cusumano, Milano, Franco Angeli, 2000.

– Id., *Uber Scham und Schamgefühl* (1933); trad.it., *Pudore e sentimento del pudore*, Napoli, Guida, 1979.

– Id., *Lo spirito del capitalismo*, ed.it. a cura di R.Racinaro, Napoli, Guida, 1988.

– W.Schulz, *Philosophie in der veränderten Welt. Dritter Teil: Vergeistigung und Verleiblichung*, Pfullingen, Günther Neske, 1972; trad.it., *Le nuove vie della filosofia contemporanea, Volume terzo: Corporeità*, Genova, Marietti, 1988.

– M.Serres, *Hominescence*, Paris, Le Pommier, 2001.

– F.Semerari, *Il gioco dei limiti. L'idea di esistenza in Nietzsche*, Bari, Edizioni Dedalo, 1993.

– B.Sichère, *Eloge du sujet. Du retard de la pensée sur les corps*, Paris, Grasset, 1990.

– O.Tolone, *Homo absconditus. L'antropologia filosofica di Helmuth Plessner*, Napoli, Edizioni Scientifiche Italiane, 2000.

– G.M. Tortolone, *Esperienza e conoscenza. Aspetti ermeneutici dell'antropologia kantiana*, Milano, Mursia 1996.

– R.Troncon, *Studi di antropologia filosofica*, Milano, Guerini e Associati, 1991.

– J.von Uexküll, *Umwelt und Innerwelt der Tiere*, Berlin, Springer, 1921.

– Id., *Streifzüge durch die Umwelten von Tieren und Menschen*, Hamburg, Rowohlt, 1956; trad.it., *Ambiente e comportamento*, Milano, Il Saggiatore, 1967.

– F. Van de Pitte, *Kant as a Philosophical Anthropologist*, The Hague, Nijhoff, 1971.

– P.Veyne, *Michel Foucault*, ed.it. a cura di M.Guareschi, Verona, Ombre corte, 1998.

– V.von Weizsäcker, *Der Gestaltkreis. Theorie der Einheit von wahrnehmen und bewegen* (1939), Stuttgart, Georg Thieme, 1968; trad.it., *La struttura ciclomorfa. Teoria dell'unità della percezione e del movimento*, a cura di P.A.Masullo, Napoli, Edizioni Scientifiche Italiane, 1995.

– Id., *Menschenführung. Nach ihren biologischen und metaphysischen Grundlagen betrachtet*, Göttingen, Vandenhoeck & Ruprecht, 1955; trad.it., *Biologia e metafisica. Istruzioni per la condotta umana*, a cura di P.A.Masullo, Salerno, Edizioni 10/17, 1987.

– J. Zammito, *Kant, Herder, and the Birth of Anthropology*, Chicago, Chicago University Press, 2002.

Editing e impaginazione Vagadesign - Roma

Finito di stampare nel mese di maggio 2005
per conto di The Media Factory srl,
dalla Graphosedition - Città di Castello